歴史文化ライブラリー

271

〈いのち〉をめぐる近代史

堕胎から人工妊娠中絶へ

岩田重則

目次

いのちの近代

1　生まれなかったいのち

生まれなかったいのち――プロローグ

現在の日本社会は人工妊娠中絶が多い社会であるという。それぞれやむを得ない事情があったはずである。それによるかなしみをかかえている人もいると思う。

近代医療による現在の人口妊娠中絶が、日本社会に浸透したのは、概括的にいえば、法制の整備、優生保護法（のちに母体保護法）施行によるところが大きい。しかし、アジア太平洋戦争敗戦後の優生保護法施行以前から、徐々にではあったが、この近代医療への転換が行なわれ、あるいは、その受容に向けての前提条件が形成されるようになっていた。

そしてこの転換以前、その行為は人工妊娠中絶ではなく、堕胎と呼ばれていた。厳密にいえば、現在でも刑法には堕胎という言葉があり、また、ふつうに使用されることもあり、完全に死語となっているわけではない。しかし、堕胎という言葉で表現されていた行為の現実は、現在ではほぼ消滅した。

これからえがく歴史的世界は、人工妊娠中絶ではなく、この堕胎と呼ばれる行為が支配的であった時代のそれ、および、その漸々たる消滅の過程である。またそれをめぐり、生まれることのなかった胎児たちとそのいのち、そして、その父であった男、その母であった女、および、彼ら・彼女らをめぐる社会関係史である。それにより、人間の生および性、人間のもっとも根幹とでもいうべき部分を対象としつつ、そこから近代史を導き出してみたいと考えている。

ところが、こうした課題のもとに、堕胎をめぐる生と性の現実をみたとき、注目せざるを得なかったことは、明らかに前近代的な残存と思われるそれらが、近代社会においても根強く存在し続けていたことであった。それらが徐々に消滅し、あるいは、変化をはじめるのは実に遅い。一九一〇年代から一九二〇年代以降であった。近代国家が形成され、資本主義経済が展開しつつあるなかで、それらと並行して、生と性という人間のもっとも根幹的領域をもが近代化していっていたのではなかった。両者の間にはズレがあった。韓国併合が一九一〇年（明治四三）、第一次世界大戦が一九一四年（大正三）から一九一八年（大正七）にかけて、本格的な政党内閣の誕生とされる原敬内閣成立が一九一八年（大正七）である。政治的また思想的には大正デモクラシー期と呼ばれ、しかし、日本の近代国家および社会経済が帝国主義的段階に入った時代、その時代にはじめて、生と性の近代化がはじまるようになっている。

近代国家の一国内にその資本主義がとどまっていた段階では生と性はいまだ前近代的であった。しかし、本格的な帝国主義段階においてはじめてそれらが近代的となる。なぜであろう。植民地経営が比較的安定し、産業資本の植民地への資本投下が本格的となる帝国主義の時代、なぜ生と性の近代化がようやくにして展開するようになるのであろう。そのような疑問を持ちつつ、堕胎のいのちをめぐる近代史を構成してみたいと思う。

＊厚生労働省の統計によると、二〇〇七度の新生児出生数が一〇八万九七四五人に対し、人工中絶の件数は、二五万六六七二となっている。

胎児といのちへの視線

刑法「堕胎ノ罪」

刑法の堕胎罪　一八八〇年（明治一三）に公布された日本で最初の近代的な刑法（施行は一八八二年）は、「堕胎ノ罪」として次のような条項を設けている。

第三三〇条「懐胎ノ婦女薬物其他ノ方法ヲ以テ堕胎シタル者ハ一月以上六月以下ノ重禁錮ニ処ス」。

第三三一条「薬物其他ノ方法ヲ以テ堕胎セシメタル者ハ亦《また》前条ニ同シ因《よっ》テ婦女ヲ死ニ致シタル者ハ一年以上三年以下ノ重禁錮ニ処ス」。

堕胎を行なった女は一ヵ月以上六ヵ月以下の懲役刑、堕胎手術（投薬も含む）を行なった者も同罪。また、堕胎手術に失敗し、女を死なせた者は一年以上三年以下の懲役刑とする。

この刑法は、一九〇七年（明治四〇）に改正されたが（施行は一九〇八年）、「堕胎ノ罪」は継続した。条文の文言には大きな変化はないが、刑期をやや重くする方向であった。

第二一二条「懐胎ノ婦女薬物ヲ用ヒ又ハ其他ノ方法ヲ以テ堕胎シタルトキハ一年以下ノ懲役ニ処ス」。

第二一三条「婦女ノ嘱託ヲ受ケ又ハ其承諾ヲ得テ堕胎セシメタル者ハ二年以下ノ懲役ニ処ス因テ婦女ヲ死傷ニ致シタル者ハ三月以上五年以下ノ懲役ニ処ス」。

これらにより、堕胎を行なった女は一年以下の懲役刑、堕胎手術を行なったものは二年以下の懲役刑、さらに、堕胎手術に失敗し女を死なせた者は三ヵ月以上五年以下の懲役刑となった。

そして、「堕胎ノ罪」条項は、その後、改正されたのではなく、現行刑法として現在も存続している（この「堕胎ノ罪」を以下堕胎罪と呼ぶ）。

母体保護法「人工妊娠中絶」

いっぽう、現在の日本には、医師による「人工妊娠中絶」を認める母体保護法がある。母体保護法は、一九四八年（昭和二三）に公布された優生保護法（施行も同年）が、翌年の経済的理由による「人工妊娠中絶」を認める改正、一九五二年（昭和二七）の「指定医師」（「医師会の指定する医師」）による「人工妊娠中絶」を認める改正を経て、さらに、一九九六年（平成八）の改正にともない名称についても変更が行なわれた現行の法律である（施行も同年）。その第三章「母性保護」に含まれる第一四条の第一項では、「指定医師」が「人工妊娠中絶」を行なうことができる条件を次のように定めている。

一　妊娠の継続又は分娩が身体的又は経済的理由により母体の健康を著しく害するおそれのあるもの

二　暴行若しくは脅迫によつて又は抵抗若しくは拒絶することができない間に姦淫されて妊娠したもの

妊娠しつつも、それが身体的に、または、経済的に困難が生じる可能性のあるばあい、強姦など本人の望まない妊娠のばあいが、「人工妊娠中絶」を行なうことができる条件である。

刑法における堕胎罪の規定が存在しているものの、この母体保護法における「指定医師」による「人工妊娠中絶」の認可があるために、現在の日本では、「人工妊娠中絶」が行なわれているということになる。また、母体保護法が刑法の堕胎罪を死文化し、あるいは、刑法の堕胎罪が先行し、しかし、それが廃止されていないがゆえに、母体保護法は刑法の堕胎罪を抑止しなければならない機能を持たせられているということもできる。

犯罪・事件としての堕胎

これからみていく胎児のいのちをめぐる問題は、いまだ、母体保護法（以前の優生保護法）がなかった時代、しかし、刑法の堕胎罪の規定があり、堕胎は「人工妊娠中絶」としてではなく、犯罪としての堕胎として扱われていた時代のことがらである。

しかしそうであるがゆえに、社会問題として、あるいは事件として、その存在が浮きぼりになっていた。また、そのために、生々しい記録が作られ、それが現在のわたしたちに、資料として、その現実を知らしめてくれる。

たとえば、文字通り「三面」記事であった時代の新聞の社会面は、堕胎事件の記事に満ちている。特に、地方紙にはその傾向がはなはだしい。一例として、一八九一年（明治二四）から一九四一年（昭和一六）までの約五〇年間、静岡県に存在した『静岡民友新聞《しずおかみんゆうしんぶん》』という地方紙の「三面」をみてみよう。『静岡民友新聞』は、静岡県における立憲改進党（→進歩党→憲政本党→憲政会→民政党）系の地方紙であり、「一面」の世界はその政党的立場からの、藩閥批判また政友会批判が色濃く、政党地方機関紙的性格を持つにもかかわらず、その「三面」の世界では、現代風にいえば、週刊誌ネタあるいはネット情報とでもいうべき記事が満載である。

たとえば、一九〇九年（明治四二）一月二一日の「三面」に「熱海の堕胎事件」という見出しで次のような堕胎事件が報道された。

静岡県田方《たがた》郡の農家の娘（二二歳）がある温泉宿に奉公中、神奈川県出身で別の温泉宿に奉公中の若者（二四歳）と「私通」し妊娠した。そのために奉公先を解雇され、一九〇八年（明治四一）一二月一五日熱海《あたみ》町（現熱海市）の理髪業者の妻である「無免許産婆」（七〇歳）をたずね、ホオズキの根を利用して胎児を堕胎し、その遺体を伊豆山《いずさん》内の墓地に埋めた。しかし、これが伊豆山駐在所巡査の知るところとなり逮捕され、裁判の判決が一九〇九年（明治四二）一月二〇日に出た。堕胎を行なった娘は懲役六ヵ月（執行猶予二年六ヵ月）、堕胎させた「無免許産婆」は懲役一〇ヵ月であった。

また、一九〇九年三月六日の「三面」に「肥壺《こえつぼ》の中から胎児」という見出しで、次のような嬰児死体発見の事件が報道されている。

同年同月四日、静岡県浜名郡のある「肥壺」に「六七寸の丸き風呂敷包」が浮んでいた。なかからは「死後一二ヵ月を経過」したと思われる「胎児の半ば腐乱」した死体があらわれたため、同村の駐在所が探索を開始した。そして、同月一一日「三面」の「堕胎犯人捕らはる」によれば、一〇日午前中同郡の娘（二三歳）が浜松警察署に拘引され、取り調べの結果、この娘が「ヤブジラミと称する毒草の根」により自ら堕胎を行ない、遺体を「肥壺」に遺棄したものと判明したという。

いずれも、堕胎罪条項を持つ刑法が改正され、刑期が重くなったすこしあとの事件であった。このように、刑法の堕胎罪条項によって、堕胎は犯罪として扱われ、そのために、それは事件として記録され、現在のわたしたちに堕胎の資料を残してくれることになった。いまみた『静岡民友新聞』の記事だけでも、堕胎手術は医師によるものではなく「無免許産婆」や自分自身によるものであったこと、手術方法も近代医学によるのではなくホオズキやヤブジラミの根を利用するという社会伝承的な民俗事象に基づいていること、また、堕胎した女の判決は執行猶予つきであったことなど、堕胎および堕胎罪適用の現実を知ることができる。

このように、堕胎が刑法によって犯罪とされ、事件性を持ったがゆえに、それは記録として残ることになった。もっともその記録は、あとでみるように、堕胎全体からすれば氷山の一角、犯罪・事件として表面化した一部分にしかすぎない。しかしそれにより、現在のわたしたちは、その記録に歴史的意味を認め、歴史的資料として利用することができることとなった。あえて言葉を換えれば、犯罪とされ事件性をもったがゆえに、たまたま記録に残ることになった堕胎の現実に対して、現代に生きるわたしたちが、歴史的資料としての意味づけを与え、ただの犯罪・事件記録から歴史的資料へと、その存在の意味を転換させることができる、というべきかもしれない。

いのちの当事者たち

「一箇の尊い人命人格」

一九一一年（明治四四）九月平塚らいてうなどによって創刊された雑誌『青鞜《せいとう》』（青鞜社）は、日本の女性運動の起点とでもいうべき存在としてよく知られている。無期休刊となったのが一九一六年（大正五）二月であったから、実質的には約四年半の活動であったが、この短期間のうちに、『青鞜』は三回の発売禁止処分を受けている。一回目は第二巻第四号（一九一二年四月）掲載の荒木郁《いく》（郁子）による「姦通」小説「手紙」、二回目は第三年第二号（一九一三年二月）掲載の福田英《ひで》（英子）による社会主義的人間解放論「婦人問題の解決」、そして、三回目が第五巻第六号（一九一五年六月）掲載の原田皐月《さつき》の小説「獄中の女より男に」である。荒木の「手紙」は家制度への抵触、福田の「婦人問題の解決」は社会主義的評論であったためであるが、原田の「獄中の女より男に」は堕胎罪に疑問を投げかけているがための発売禁止処分であった。これまた、刑法による堕胎罪条項があるがゆえに、発売禁止処分という事件となっていた。

「獄中の女より男に」は、主に経済的理由により堕胎を行ない堕胎罪で逮捕され未決監にいる女が、その恋人に語りかけるという私小説的な構成により物語がすすむ。中心になるのは、裁判官と女との応酬の場面である。

裁判官は女にむかって「人命をみだりに亡ぼす事を考へないか」と怒鳴る。女の返答はこうであった。

「女は月々沢山な卵細胞を捨て、ゐます。受胎したと云ふ丈《だ》けではまた生命も人格も減じ得ません。全く母体の小さな附属物としか思はれないのですから。本能的な愛などは猶《なお》さら感じ得ませんでした。そして私は自分の腕一本切つて罪となつた人を聞いた事がありません」。

この裁判官と女との応酬を図式化すれば、裁判官を胎児のいのちの権利を主張する側の、女を人間の生む（生まない）権利を主張する側の象徴とし、両者を対決させている構図である。しかも、女の方は胎児をさして「小さな附属物」「腕一本」という極端な比喩を使うことにより、胎児があたかも女の所有物であるというのである。この表現によるインパクトが強かったが、「獄中の女より男に」を読みすすめていくと、むしろ、女は生む権利を主張しているだけではなく、胎児のいのちの権利をも主張しているのではないか、そのような表現に出会う。

「後に生命を持ち得るから怙《こ》うしなければならなかったのです。（中略）私の体を離れると同時にもう他の主宰から離れた一箇の尊い人命人格を持ち得るのですから。然《しか》もそれ等を支配する能力――奥深く潜んだ其個人独特の能力――丈けを親が引出し育てて遣《や》らなければならない責任があるのですから」。

胎児は生まれいのちの権利を持つこと、そして、親がそのいのちをはぐくむことに対して責任があること、「獄中の女より男に」における原田皐月は、どうしようもない現実があるとしても、それでもなおかつ、人間の生む権利のみならず、胎児の人間としてのいのちの権利をも主張しようとしていたのではないか。原田の直接的な目的は、堕胎罪じたいの告発、あるいは、社会の告発にあったのではなかろう。むしろ、現実のなかで生きていかなければならない当事者の立場にたったとき、人間の生む権利と胎児の人間としてのいのちの権利、両者が相矛盾せざるを得ない現実、それをありのままに提出していたように思われてならないのである。

原田の小説「獄中の女より男に」はやがて『青鞜』同人などをまきこんだ論争へと発展する。伊藤野枝《のえ》・平塚らいてう・山田わか・堺利彦などが意見を寄せたこの論争は、現在では堕胎論争（一九一五〜一七年）と呼ばれている。またそれは、折井美耶子編『資料 性と愛をめぐる論争』（一九九一年）のなかに整理され、全体像を把握しやすくなっている。

「生命が芽ぐまれたことは事実でせう」

最初に反応したのは伊藤野枝であった。原田の小説を読み、『青鞜』の同じ号、第五巻第六号（一九一五年六月）に「私信―野上弥生様《（ママ）》へ―」を掲載する。伊藤は、近隣に住み行き来の多かった野上弥生子へ語りかける形式のこのエッセイのなかで、胎児のいのちの立場にたち、堕胎を絶対的に否認する。

「生命が芽ぐまれたことは事実でせう、その一つの生命がどんな運命のもとに芽ぐまれたかどうかは本当に誰にもわかりはしませんわ、それをいろいろ自分たちの都合の為めにその『いのち』を殺すと云ふことは如何に多くの口実があらうともあまりに、自然を侮辱したものではないでせうか、『生命』と云ふものを軽視した行為ではないでせうか」。

さらに伊藤は、「腕一本」と「いのち」は絶対に異なるという。自身の育児体験に照らし、ストレスにおおわれがちな体験、育児のなかで陥ることがある自己嫌悪とでもいうべき感情の起伏をもさりげなく語る。しかし、胎児のいのちの立場にたつその主張は力強い。そして伊藤は、ほぼ同様の主張を『第三帝国』第四四号（一九一五年六月）に発表した「雑感」でもくりかえした。

そのあと、平塚らいてうが続くが、平塚の主張は、みずからの妊娠・出産体験を披露しつつも、女の立場に立ち、女の生む権利を重視したものとなっている。『青鞜』第五巻第八号（一九一五年八月）に寄せた「個人としての生活と性としての生活との間の争闘に就いて（野枝さんに）」がそれにあたるが、そこでは、原田が提出した人間の生む権利の課題とは、微妙なズレがみられる。原田は、経済的原因を中心に、生存すれすれのラインのところで、人間の生む権利と胎児のいのちの権利とのあいだに発生する葛藤を課題としていた。しかし、平塚はそうした課題は素通りし、向きあった創造的仕事を中心として女の生む権利の主張を行なう。高い能力を持ち、しかも、それを活かし得る環境に置かれた女にとっては、それは的確な主張であったかもしれないが、創造的仕事を願望する以前の段階、ぎりぎりの局面において、人間が二者択一をせまられたときどうするか、それこそが原田の提出した課題であった。

原田皐月の最期

現実にさらされた当事者がどうすればよいのか、その課題を残した原田は一九三三年（昭和八）に他界した。満四六歳、自死であった。御令息の原田稔は、「結婚生活の破綻、健康を蝕まれたこと、文学への志の挫折等が、一時に身に迫って、寂寥のうちに死を選んだのではないか」という（原田稔 一九八九）。また、平塚は、その自殺の原因を生活苦・病苦だけではなく、「狭隘《きょうあい》な自我主義、観念的な個人主義の行詰り」の結果ではないかという（平塚 一九七三）。確かに、これまで指摘されてきたように、『青鞜』のころの原田の作品は、自我の主張が激しい（石崎 二〇〇二）。またそれは、原田だけではなく、平塚をはじめとする『青鞜』同人に共通し、さらにその上で、「愛の共同体志向」とでもいうべく、それを超えようとする精神がみなぎってもいた（鹿野 一九八三）。

ただ、堕胎論争に先だった貞操論争（一九一四〜一六年）において、その起点となった『反響』第一巻第五号（一九一四年九月）の生田花世「食べることと貞操と」に最初に反応し、「生きる事と貞操と――反響九月号『食べる事と《（ママ）》貞操と』を読んで――」を『青鞜』第四巻第一一号（一九一四年一二月）によせたのも原田であった（このときは「安田皐月」名義）。そこでの原田は、経済的生存と「貞操」との二者択一をせまられた生田が前者を選択した体験を、「自己を侮蔑」「自分を侮辱」した行為と言い切り、くりかえし「私は私である」という。力強く自我を主張する原田であった。

しかし、ここではむしろ、ぎりぎりの局面をつづった生田の自己体験エッセイに、最初に強く反応したのが原田であったこと、そしてやがて、原田自身が「結婚生活の失敗、病苦、貧困、子どもへの責任などの、現実生活の責め道具を身一つに受けとめかねて」〔平塚 一九七三〕自死という最期を選択せざるを得なかったこと、ぎりぎりの線におかれたときの人間の葛藤を、まさに身をもってしめしたそのことじたいに、原田がわたしたちに語りかけてくれることの意義を認めたい。

堕胎論争は、同じく『青鞜』誌上を主な舞台とした貞操論争・廃娼論争（一九一五～一七年）とともに、のちの母性保護論争（一九一八～一九年）の「前奏曲」〔鹿野 一九八三〕と位置づけられている。しかし、これらの論争のうち、もっとも広がりを持たなかったのが堕胎論争であるという〔折井 一九九一〕。また、原田に懐胎から出産への過程を、いまだ女だけのものとみなし、男女共同による視点が欠如しているという指摘もそのとおりであろう〔堀場 一九八八〕。たとえ、論争と原田の視点がそのようなものであったとしても、原田が提出した課題、人間の生む権利か胎児の人間としてのいのちの権利か、内面の奥深くに沈殿する葛藤は重い。そうであるがゆえに、この課題を、当時の現実に即してあらためて再構成する必要があるように思われてならないのである。

堕胎罪をめぐる事件、堕胎と胎児のいのちとの葛藤に直面した当事者の苦悩をもうすこしみておきたいと思う。

「盗人に姙娠せしめられる」

一九三二年（昭和七）三月三〇日『東京朝日新聞』朝刊第一〇面家庭欄、「女性相談」に「盗人に姙娠せしめらる」というタイトルのもとに、恋人がいる未婚の娘から、次のような相談がよせられた。肉親の介護に疲れ前後不覚で熟睡中、泥棒に入られ、物品を盗まれ強姦された。恋人にはそのことを打ち明け、理解をしてもらうこともできた。ところが、その後妊娠していることがわかった。恋人に話すこともできず、また、この胎内の子供をどうすればよいのかわからない。そして、「この子供に今の私は愛着を感じてゐませんが、然《しか》し、この子供を真実に愛し得る者は私以外にはないと思ひます。さう思ふと子供に対して責任を負はないわけには行きません」という。

回答者はかつて『青鞜』同人でもあった山田わか。「人道の理想に生きよ」のタイトルのもとに、この胎児を生むことを強くすすめ、「女性が種族の本幹《ほんかん》」であるがゆえに、どのようにしてできた胎児であっても、自分の子供として生み育てるべきであるという。この、たとえ強姦による子供であっても生むべきであるという山田の回答については、山田の娼婦としての体験と関連づける指摘があり、それがよく知られてきた〔山崎　一九七八〕。

しかし重要なことは、この「女性相談」と山田の回答が掲載された翌日三月三一日『東京朝日新聞』朝刊第一〇面家庭欄に、「ある婦人の身に起つた不幸な事件への批判」として、高島米峰《べいほう》・徳永恕《ゆき》・菊池寛《かん》・下村海南《かいなん》・穂積重遠《しげとお》・永井潜《ひそむ》ら六人の意見が寄せられ、それぞれの主張に違いが際だったことにあったのではないのか。是か非かの判断も、またその理由も単一にはならない、そこに、妊娠さらには堕胎と堕胎罪をめぐる当事者の苦悩があり、さらには、それをとりまく政治的・社会的環境があったと考えるべきであろう。

当事者の地点から

六人の意見は次のようなものであった。これについては、堕胎の是非を基準とした整理もあるが〔山崎 一九七八〕、ここでは、そうではなく、人間の生む権利および胎児のいのちの権利、二者択一をせまられた当事者の現場にどれだけ身を寄せているか、そうした視点から六人の意見をみていってみよう。

まず、仏教者の高島米峰「子に罪はない育てるのが至当——貞操は問題とはならぬ」と、キリスト者であり当時二葉保育園長であった徳永恕「母性の愛は強い——問題の本質は変つてくる」である。宗教者でもあるこの二人の意見は、強姦によっていのちができた胎児であってさえも、生むべきであるという。高島は、すでに「産れてくる子供の処置に対しては母としての愛情が起りかけてゐる様だから」、生むべきであり、子供の将来を母親として保証するべきであるとする。徳永は、自分の子供であるという意識がだんだん強くなり、特に、出産すれば子供を熱愛するようになり、さらに、「きつと産れる子供を中心にしてすべてをお考へになる日が」かならずくるであろうという。

高島と徳永の意見は、堕胎を是か非かとする立場からすれば、堕胎を非とし生むことを望むものである。しかし、それは単に胎児のいのちを重視するだけではなく、その胎児を宿している母親の精神生活などをも考慮したものであった。「母性」偏重とも受け取られかねないが、こうしたばあいであってさえも、ごくふつうの親と子の愛情を軸としながら、胎児のいのちの権利を模索しようとしている。しかし、高島と徳永には、堕胎という考えじたいがないからであろう、当事者が直面しなければならない堕胎罪への言及はない。そのような意味では、現実離れした理想論といえなくもない。

いっぽう、現実のなかでは、堕胎をやむを得ないとするのが、小説家の菊池寛「医師に頼んで堕胎を行ふべし——罪となるも不名誉に非《あら》ず」と、当時朝日新聞社副社長の下村海南（宏）「堕胎して自首を——刑法改正の機運とならう」であった。菊池は、このようなばあいには堕胎するべきであり、堕胎罪が適用されるのであれば、それはむしろ「法律の不備」であるという。また、下村も、胎内の子供を生み育てることには現実的に困難がともなうので堕胎するべきであるという。特に下村は、自首すれば、「法は罰しても執行猶予」かわずかの刑期で済むはずであり、この機会に、「刑法改正の機を促進する」ことができればよい、とまで述べ、堕胎罪改正にまで言及している。

しかし、菊池と下村が堕胎を肯定としたとしても、それを女の生む（生まない）権利としてとらえていたと考えることはできない。むしろ、当事者に対する現実的な対応として、あるいは、例外的措置としての堕胎を肯定しているにすぎないともいえる。

当事者を素通り

堕胎を否定した高島と徳永の理想論、堕胎を肯定した菊池と下村の現実論、これらについて、当時一九三〇年代前半においても、また、現在からみても、どちらが正しいとか誤りであるとか、そうした議論は無意味であろう。正解を出すことができない問題であるところに、むしろこの問題の重要性がある。また、人間の生む（生まない）権利に対する理解が欠如していると指摘することもたやすいが、ここでは、そうした点ではなく、「堕胎論争」のときのように、当事者の地点から、堕胎および堕胎罪への意見が生まれている、そうしたことじたいに意義を見いだしたいと思う。なぜならば、当事者のことをまったく素通りした次のような意見さえ、そこにはあるからである。

まずは、法学者の穂積重遠「法律の立場から――堕胎は断然許されぬ」における、堕胎を強く否定する意見である。堕胎を否定する結論だけをみれば、高島や徳永とかわらないが、その内容は大きく異なっている。穂積は次のようにいう。

強姦されて妊娠したことは「不幸」なことではある、と但し書きをつけつつも、現在の法律では、「その子供を産むことが母体の生命に関するといふ以外は堕胎して胎児の生命を断つ事は許されぬ」。また、このようなケースでは、堕胎をすれば裁判官は情状酌量をするだろうが、そうであるからといって、「堕胎する事はよくない」。さらに、法改正を行なうと、悪用される可能性があるので、「法律を改むる必要はない」。

法学者の穂積には、法律至上主義とでもいうべく、当事者を中心とした思考を行なうのではなく、所与の前提としての法律がある。要は、堕胎罪があるがゆえに、堕胎を非としているだけであった。

いっぽう、結論的には穂積とは正反対、堕胎を肯定する優生学者の永井潜「血統を絶ちたい――優生学の立場から」は、こうしたばあいにおいての堕胎をやむを得ないとする。これまた、堕胎を肯定するという結論だけからすれば、菊池や下村と同じであるが、その理由はまったく異なっている。永井の堕胎肯定論の理由は次のようなものである。

「現在の法律に欠陥がある事を痛感」するので、法改正をするべきである。なぜならば、「悪人の子供は大体においてよい傾向を持つ子供は産れないといはれて居る」ので、このような「血統は断ち」「民族を優秀にしたい」ので、「極悪人には断種させる法律を速《すみや》かに」作るべきであるからである。

永井が堕胎を肯定するのは、当事者を考慮してのことではなかった。ファシズムイデオロギーとしての優生学的主張により、それがなされている。

法学者の穂積は堕胎を否認した。いっぽう、優生学者の永井は堕胎を肯定した。一見、正反対の議論である。しかし、その内実は、胎児およびその胎児をはぐくんだ人間、当事者がどうであろうと無関係に、人間の現実を素通りするところからの意見にすぎない。そして、それらではいずれも堕胎それじたいではなく法律、堕胎罪を基準として議論が展開されていた。

「無罪の言渡」

堕胎と堕胎罪をめぐり、現実の当事者となったとき、それは、胎児をみごもる人間が優先されるべきか、それとも、胎児のいのちが優先されるべきか、正解のない回答を出さなければならないところに追い込まれる。逆に、当事者であることを素通りする人たちには、正解が用意されている。この課題には、そうした逆説が存在している。

そうであるがゆえであろう、司法の世界でも、現実の判決は一様ではなかった。

山田わかの「女性相談」に「盗人に姙娠せしめらる」として相談があった一九三二年（昭和七）三月から三ヵ月後、『法律時報』第四巻第六号（一九三二年六月）に医事法学者山崎佐《たすく》の「堕胎に関する一三の考察」という論考が発表された。山崎は、強姦による、また、貧困のなかでの妊娠では、妊婦は保護され堕胎は容認されるべきであるとし、事実上堕胎罪を否定しつつ、実際の堕胎事件とそれへの判決として、次のような事例を紹介する。

埼玉県のある農村で、二一歳の女が家で留守番をしていたところ、呉服行商者がやってきた。この行商者はしつように呉服を買うようにせまったが、女がひとりでいることを知り、強姦におよんだ。そして、口止めとして反物一反を置いて去った。ところが、あとで女は妊娠していることを知り、妊娠七ヵ月の段階で堕胎を行なった。

これに対する判決は、地方裁判所での第一審は懲役三年の実刑判決であった。しかし、第二審、東京控訴院での判決は、「堕胎行為の際、胎児が生存して居《お》つたか否か、不明であるとの理由」で「無罪の言渡」であった。

強姦による妊娠堕胎事件であった。この事件を記した山崎は、強姦・貧困による妊娠において、妊婦の保護を主張しているので、第一審からの逆転判決ともいえる第二審の無罪判決を支持している。また、この時点での堕胎罪は一九〇七年（明治四〇）の改正刑法であるので、堕胎を行なった女の最高刑は懲役一年であるが、ここでの第一審判決が懲役三年になっている点が不明確でもある（嬰児殺しの嫌疑になった可能性が高い）。しかし、第一審で最高刑以上の懲役三年であり、堕胎事件としては重罪といえる判決であったものが、第二審では無罪になるという、正反対の判決が行なわれる現実さえもがあった。

胎児といのちへの視線

志賀暁子の堕胎事件

もうひとつ、堕胎と堕胎罪をめぐる事件をみておこう。

一九三五年（昭和一〇）八月二九日『東京朝日新聞』夕刊第二面に、「病院から市ヶ谷へ　志賀暁子《あきこ》遂に収容」という記事が載った。同月二七日新興キネマの映画女優であった志賀暁子が堕胎による嬰児殺しの嫌疑により、東京市ヶ谷刑務所に強制収容されたというのである。池袋署で志賀および堕胎を行なった産婆への取り調べが行なわれ、「堕胎した嬰児が生きてゐたことが明瞭」であり、その胎児がやがて死んだため、「殺人の共謀関係」の嫌疑がかけられた。

志賀の堕胎事件は、すでに澤地久枝《さわちひさえ》「志賀暁子の『罪と罰』」（一九七九）が、志賀に焦点をあわせ、裁判経過をも含めて事件の全容を詳細に再構成している。サイレントからトーキーへの移行期における、銀幕のスターの事件であった。胎児の父親は映画監督阿部豊。スキャンダルであったがゆえに、社会的注目度は抜群であった。

この事件について、当時の報道のされ方は、スキャンダル特有の事実関係にあやういところが多く、また、志賀の自伝『われ過ぎし日に』（一九五七年）による回想も正確さを欠くが、この事件の基本的事実は、この『東京朝日新聞』の報道に集約されている。堕胎された胎児は、実は、生きて生まれてきていた。志賀事件は、スキャンダラスな側面ばかりが知られてきたが、すでに妊娠七ヵ月（あるいは八ヵ月とも）となっていたため、志賀の堕胎は、強制的早産とでもいうべき状態となり、胎児は生まれてきた。

かつての堕胎は妊娠月数が五ヵ月以上のものが多く、現在の「人口妊娠中絶」とは大きく異なっており、また、そのために、この志賀のように、堕胎した胎児が生きて生まれてくるばあいがあった。これについては、あとで述べたいが、正解の出ない問題に直面した当事者が、やむなく堕胎を行なったとき、さらに、胎児が生きて生まれてくるばあいがあったこと、こうした現実があったことをまず知っておく必要があると思う。

堕胎により生きて生まれてきた子供

この志賀の堕胎事件の経過は、その自伝『われ過ぎし日に』と当時の新聞記事によれば、次のようなものであった。

志賀は、一九三〇年（昭和五）帝国キネマという映画会社から、城りえ子という芸名でデビューする。一九三三年(昭和八)新興キネマが京都に設立されるとともに、志賀暁子と芸名をかえ再デビューする。志賀がみごもった胎児の父親阿部豊は、この新興キネマの映画監督であった。志賀は、他に愛人がいたが、阿部との間にも恋愛関係がすすみ、やがて妊娠することになる。いっぽう、再デビュー後の志賀は、順調にスターの道をかけあがり、代表作は村田実監督のサイレント映画「霧笛」(一九三四)であった。志賀が自分の妊娠を知ったのは、その撮影中のことであったという。しかし、ほぼそれと同時に、阿部は他の女と関係を結び、しかも、東京の日活に移ってしまう。志賀は自分の妊娠を阿部にいう機会を逸し、このとき、志賀はいったん自死を考えるが思いとどまり、一九三四年(昭和九)四月上京、堕胎することになった。

志賀の『われ過ぎし日に』によれば、すでに妊娠七ヵ月、堕胎手術は四月一五日朝、産婆Gによる麻酔の間に手術が行なわれた。正午ごろであったという。「耳もとの嬰児の叫び声」で意識を取り戻した。「私は何という浅はかなことをしたのでしょう。わたしは死ぬような思いでした。何もかも一瞬の間に判ったのです」。「私の子供! 私の子供! 可哀そうに——。私はこの時の気持を今でもはっきり記憶して居ります。わたしは取返しのつかないことを、自分の不注意からしてしまったのです」(志賀 一九五七)。

志賀の回想には、オブラートにつつむような表現もあるが、堕胎によった子供は生きて生まれてきていた（志賀の回想には産婆のもとでのその後が記されていない）。

堕胎と嬰児殺しのあいだ

当時の報道は、この志賀の回想とは微妙に異なりつつ、堕胎手術後のことを報道している。東京刑事地方裁判所における志賀の第二回公判を報じた『東京朝日新聞』一九三六年（昭和一一）九月三〇日夕刊第二面「〃監督の強要でない　恋愛を感じてた〃　暁子の第二回公判」によれば、堕胎手術は四月一八日夜であったという（志賀の回想と日付と時間が異なる。また『東京朝日新聞』は妊娠八ヵ月としている）。裁判長が志賀に対して、「生れた男児が三日間生きて二十一日夜遺棄のまゝ死亡するに至つた顛末」を質問した。

裁判長「予想を裏切つて生きて生れたので遺棄して死に致らしめたのではないか」。

志賀「違ひます、もつと手を尽したら生きてゐたかも知れませんが出来ませんでした」。

事実がどうであったのか、いまでは判断はむずかしい。堕胎手術のあと、胎児が生きて生まれてきたため、翻意した志賀が生かそうと努力したが死んでしまったのか、それとも、翻意せず遺棄したままに殺してしまったのか、真相を判断することは難しい。ただ、一九三六年（昭和一一）一〇月二〇日の『東京朝日新聞』夕刊第二面「暁子に此《こ》の母性愛　女優公判証人訊問に入る」によれば、前日の東京刑事地方裁判所での第四回公判の際、志賀の堕胎につきそったTという女が、証人訊問で述べたことは次のようなものであった。

「手術後生れた赤ちゃんは、何処《どこ》へ行ったかと思つてゐると志賀さんの蒲団の足の方で弱い嬰児の泣き声がするので見ると子供はボロに包んだまゝ産湯《うぶゆ》も使はせずに放つてありました。志賀さんは床の上に起上り可哀さうに〱と泣き乍《なが》ら赤ン防を抱き上げ口づけをしたりなどし産湯位使はせてくれたらと悲し気な様子でした」（原文は志賀の本名だがここでは芸名の志賀のままとした）。

確実にあった事実は、妊娠七ヵ月（あるいは八ヵ月とも）で堕胎された胎児が、生きて生まれ、わずかの期間であったが生存していたことであった。

懲役二年（執行猶予三年）

この志賀の堕胎が、事件として明るみに出たのは、産婆Gの愛人が、この堕胎に関連して志賀に対して恐喝事件をおこしたことが発端であった。志賀は映画女優として復帰していたが、すでに記したように、嬰児殺しの共謀という嫌疑によって、翌一九三五年（昭和一〇）八月二八日に東京市ヶ谷署に強制収容されることになった。

やがて、市ヶ谷刑務所の未決監《みけつかん》に移され、澤地久枝の「志賀暁子の『罪と罰』」によれば、一九三六年（昭和一一）七月七日の第一回公判から一一月一四日の第五回公判まで合計五回の公判が行なわれている（志賀の自伝『われ過ぎし日に』では合計三回の公判であったとされ微妙に異なる）。裁判の結果は、志賀および産婆Gに堕胎・遺棄致死・死体遺棄により懲役二年が求刑され、判決は志賀が懲役二年（執行猶予三年）、産婆Gは懲役二年（執行猶予五年）であった。

志賀の堕胎事件は、事件としてはこれで結末をむかえた。しかし、その後、『婦人公論』一九三七年（昭和一二）一月号に志賀の弁護人をつとめた弁護士鈴木義男が「志賀暁子の為に」を、小説家の廣津《ひろつ》和郎《かずお》が「石もてうつべきや」をよせ、志賀弁護の論陣をはったことから、逆に、小説家の久米正雄が翌月の『改造』第一九巻第二号の「二階堂放話」で胎児の父親であった阿部豊を弁護し、さらにまた、それへ鈴木が「志賀暁子のために久米正雄に与ふ」を久米の友人菊池寛が主宰する『文藝春秋』第一五巻第三号（一九三七年三月）によせ、反批判するといった具合で、議論の応酬が行なわれる。これらについては、ここでの課題とはやや異なり、また、すでに澤地の「志賀暁子の『罪と罰』」による整理と志賀への人物評があるので、澤地の論考を参照していただければと思う。

ここでは、さきに指摘したように、堕胎された胎児が生きて誕生してきたこと、それにより、志賀と産婆Gは堕胎罪だけではなく遺棄致死・死体遺棄罪でもあったこと、しかしそれにもかかわらず、判決は執行猶予つき（志賀が二年、産婆Gが五年）であったことに注意したいと思う。最初に、一九〇九年（明治四二）の『静岡民友新聞』に掲載された堕胎罪の記事をみたが、堕胎罪で起訴された女は懲役六ヵ月（執行猶予二年六ヵ月）であった。やはり堕胎罪をめぐる刑期は執行猶予つきであった。執行猶予つきになることは、志賀だけが例外ではなかったのである。

歴史的現象として

これまで、刑法における堕胎罪があっても、現在のような母体保護法がない、その時代の堕胎をめぐる事件を紹介してきた。

すくなくとも、人間の胎内から生まれていない胎児をして、いまだいのちがないということはできない。志賀の堕胎のように、堕胎をした胎児が生きて生まれてくることすらあった。出産前と出産後という区分で、いのちの有無を判断することはむずかしい。また、現在の母体保護法で決められているように、たとえば妊娠何週までが合法的な「人工妊娠中絶」であるとか、そうした法律的解釈も、いのちそれじたいの存在を区別する基準とすることはできない。

すくなくとも、いちどはいのちをもったすべての胎児のうち、生まれてくる胎児と、堕胎され（あるいは「人工妊娠中絶」され）生まれてくることができない胎児と、二つに選別される現実があったこと（あるいはいまもあること）が重要ではないのか。出産後のことではなく、すでに、出産前からいのちが選別されていた。生まれてきたいのちは、実は選別されたあとのいのちではなかったか、ということである。

そして、このいのちの選別は、はたして偶然性によって左右されていたのであろうか。たとえば、志賀の堕胎事件は、女優と映画監督とのスキャンダルとして個人のパーソナリティや偶然性に還元されがちである。しかし、一九三〇年代半ば、形成過程にある都市型大衆社会・文化、その代表とでもいえる映画界の形成がなかったとすれば、さらには、女優・俳優・映画監督にとって生き残りのかかるサイレントからトーキーへの移行期がそこに存在していなかったとすれば、こうした事件はおこり得たであろうか。どのような事件であれ、それは個人のパーソナリティや偶然性の積み重ねの結果であり、逆に、そのために事件とならないこともある。しかし、個人のパーソナリティや偶然性を結びつけ、個々の事象からからまりあった大小の事件（あるいは事件にならないことがら）を作り上げるのは、歴史的蓄積にもとづいたひとりひとりの人間をとりまく社会環境であろう。あるいは、個人のパーソナリティや偶然性をむすびつける、そのむすびつけ方に、その時代の社会的性格があらわれているように思われてならない。

胎児の近代史の課題

そのような意味で、ここでは胎児のいのちをめぐる課題を、次のように設定してみよう。

第一には、胎児のいのちおよびその選別を、歴史的存在として位置づけることである。生まれることのなかった胎児のいのち、いま生きているわたしたちのように社会的存在となることがなかった彼ら・彼女らではあるが、むしろ彼ら・彼女らは、生まれてこの社会に生きてきたわたしたちとの関係でいえば相対的であり、わたしたちが生まれてくることができたことは、逆に、彼ら・彼女らのような生まれてくることができなかった人間との関係性の上に成り立っていると考えることはできないだろうか。生きてきた人間の歴史があるとすれば、それとの関係性において、いのちを獲得したものの生まれることができなかった人間の歴史もあるように思われてならないのである。

第二には、第一のような胎児をめぐる歴史を明らかにするためには、堕胎の当事者の歴史を明らかにする必要があることである。たとえば、いまみてきた、「堕胎論争」、『東京朝日新聞』家庭欄の「女性相談」、志賀の堕胎事件、当事者たちは、人間の生む権利と子供のいのちの権利、ほんらいそれらは二者択一をできないことがらであるにもかかわらず、二者択一をしなければならない状況に追い込まれていた。正確にいえば、権利というよりも、正解のない問題を出され、しかし、回答をださなければならない、そんな現場にへたり込み心の奥底で懊悩《おうのう》をくりかえさざるを得ない当事者たちがいた。それを個人のパーソナリティや偶然性に還元するのではなく、具体的な歴史として回復する必要があるのではないか、そのように思われてならない。それによりおのずと、なぜ、いのちの芽を獲得しながらも、生まれてくることのできた人間と、そうではなかった人間がいたのか、それを明らかにすることができると思われるのである。

第三には、こうした堕胎の歴史を具体的に明らかにするためには、それとの関連で、堕胎罪の歴史的意味をも明らかにしなければならないことである。これまでの堕胎および堕胎罪の研究は、堕胎それじたいというよりも、堕胎罪がその中心であった。堕胎罪については、一八八〇年（明治一三）公布の最初の近代的刑法がフランス刑法を模範としているために、もともとは、ヨーロッパのキリスト教倫理の影響があるとする、法曹界の理解が一般的であった〔瀧川 一九二四・一九三三〕。しかし、近年では、一八七〇年（明治三）の新律綱領《しんりつこうりょう》の不備をおぎない制定・実施された一八七三年（明治六）の改定律例《かいていりつれい》から、刑法制定への展開を追う研究により、刑法がかならずしもフランス刑法の翻訳的受容ではなかったことが明らかにされている。改定律例では「姦夫姦婦」を対象としていたものが刑法では婚姻内の堕胎にも措定され〔金津 一九九六〕、また、近世から連続する儒教的倫理が刑法の堕胎罪に浸透しているという〔石崎 一九九七・二〇〇二〕。こうした堕胎罪成立の法制史的研究をふまえつつ、さらに、堕胎の現実と、それと堕胎罪適用の実際とを相互関連の上でとらえてこそ、はじめて、堕胎罪の歴史的意味を明らかにすることができるものと思われるのである。

堕胎罪と人口政策

こうした堕胎罪研究のいっぽうで、堕胎罪を明治政府の「富国強兵」的人口政策のなかに位置づけようとする議論がある〔荻野 一九九一、藤目 一九九七、後藤 一九九八〕。こうした議論は、一九三〇年代後半以降、特に、一九四〇年〔昭和一五〕五月公布の国民優生法〔施行は翌年七月〕、一九四一年〔昭和一六〕一月に閣議決定された「人口政策確立要綱」を頂点とする、アジア太平洋戦争期の政府の人口政策・生殖管理を視野に入れたものと思われるが、近代国家の生殖管理が、明治政府の「富国強兵」的人口政策から一直線でアジア太平洋戦争期にまで展開していったと考えるには無理があろう。これについては、避妊方法の分析のなかで、政府の徹底した生殖管理がアジア太平洋戦争期に限ったものであるという分析もあり〔石崎 一九九八〕、また、このあとみていくように、堕胎の現実と堕胎罪の運用とをみたとき、すくなくとも一九三〇年代前半までは、堕胎罪をしてそれが「富国強兵」的人口政策としての機能を持っていたと考えることはできない。

堕胎罪を明治政府の「富国強兵」的人口政策のなかに位置づけようとする議論が、かならずといってよいほど利用するのが、統計学者呉文聡《くれあやとし》の人口政策論である。呉の『戦後経営 人口政策 完』〔一九〇五〕・「堕胎論」〔一九〇七〕などによれば、堕胎・死産を減少させ、人口を増加させることが、近代国家の発展の基礎であるというのである。杉亭二《こうじ》とともに日本の統計学のパイオニアである呉は、国勢調査実施の主唱者でもあり、その統計学は数値による社会調査とでもいうべく〔呉文炳 一九七二〕、同時代の社会を統計的に、あるいは、客観的に把握しようとするものであった。また、農商務省などに勤務することにより官僚としてその統計学を展開していた呉においては〔呉建 一九二〇〕、その統計学は政策立案の基礎としての意味を持つものであった。しかし、その主唱した国勢調査の第一回実施が没(一九一八年)後の一九二〇年(大正九)であったように、彼の人口政策論が明治政府の共通理解といえるものであったと考えることはできない。呉の主張は、アジア太平洋戦争期の人口政策・生殖管理の先駆のひとつであるとはいっても、その同時代においては、いまだ政策レベルには達していないひとつの主張にすぎなかったと考える必要があろう。

堕胎および堕胎罪の歴史的意味を明らかにするためには、一九三〇年代後半以降、アジア太平洋戦争期の人口政策および優生政策に収斂《しゅうれん》させる方向性をとるのではなく、まず第一に、堕胎の現実および堕胎罪の運用の実態、それらを明らかにすること、それがもっとも必要であると思われるのである。そして、そのためには、現実に堕胎と堕胎罪に直面した人間が、どのような社会経済的状態のもとにおかれていたのか、どのような生活条件のなかで生きていたからこそ、それらに直面することになったのか、それを明らかにすることが基本的作業となるものと思われるのである。

堕胎と堕胎罪に直面した人間は、それが偶然であったのではなかった。彼ら・彼女らをとりまく生活条件において、そのような状態に至らしめられていたと考えなければならないのである。

堕胎の社会経済史

ていた。

原生的労働関係のなかの女

一八八五年（明治一八）夏、静岡県伊豆地方は未曾有の不景気にみまわれていた。

松方デフレ　一八八〇年（明治一三）から翌年にかけては米価が騰貴し好景気が続いた。しかし、一八八四年（明治一七）から米価が下落しはじめ、農業・商業・工業ともに急激な不景気にみまわれることになった。そのために、「各地ニ窮民」が「党ヲナシ銀行或ハ貸付商社へ迫リ一時ハ過劇《(ママ)》ノ挙動ニモ及ハントスル模様」さえもおきた。漁獲を換金する漁民も同じであった。たとえば、駿河湾に面した内浦《うちうら》（現沼津市内浦地区）地域では、「捕漁ノ利其跡ヲ断チ」「日常ノ供給生活ノ一点ニ至リテハ殆ト困窮」という状態であった。また、「宿駅町村ノ車夫出稼小売商人」は不景気で経済的に困窮するだけではなく、「霖雨《りんう》ノ為メニ些細ノ資本ハ消靡《しょうび》シ」「衣類其他什器《じゅうき》ニ至ルマテ悉皆《しっかい》座食ノ資料ニ供」する状態となり、「百合《ゆり》ノ根《ね》葛《くず》ノ根ヲ採掘シ又ハ豆腐殻《とうふがら》ヲ食シテ」「飢餓ヲ医スル」ことが「漁村宿駅ノ赤貧《せきひん》人《にん》一般生計ノ情態」となっていた〔前田正名関係文書　文献番号二五二〕。

静岡県遠江《とおとうみ》地方も同様であった。

田畑所有五町歩以上の「上農」であってさえも「物価低落ノ影響ニ因リ」「其家産ヲ薄フシ十中ノ八九ハ借財アラサルモノナク」、五反歩以上五町歩以下の「中農」においては「既ニ身代限《かぎり》ノ処分ヲ受タルモノ少カラズ」というありさまであった。「下農」にいたっては、わずかな地所を「挙テ負債ノ抵当ニ典シ」「利足ノ支払ハ勿論《もちろん》日々ノ生計ニ苦ムモノアリ」、さらには、「一片ノ土地ヲ有セサル細民」にいたっては、その「窮乏云フベカラス」ありさまで、特に、「麦作取入前」は「草ヲ摘ミ食餌《しょくじ》ト為スアリ雪花菜《おから》ヲ食フテ活ヲ取ルアリ」また「田螺《たにし》ヲ拾ヒ僅ニ飢餓ヲ免ル、アリ」、そしてついには、「乞丐《こつがい》ト為《し》テ人ノ門戸ニ立モノ」まであらわれていた〔前田正名関係文書　文献番号二五二〕。

単なる不景気の域をこえて、生業の基本である田畑を抵当に入れ、そして、それを流してしまう人たちがいた。生活が破綻し、飢餓そして「乞丐」（乞食）として流民になる人たちさえがいた。静岡県に限っていえば、一八八五年（明治一八）前後その社会経済的状況は、原口清『明治前期地方政治史研究』下（一九七四）によってその詳細が明らかにされてきているので、ここでは、その一端をかいま見るにとどめておきたいが、こうした社会経済的状況は、静岡県下だけではなかった。日本列島全域が同様の状況におかれていた。いわゆる松方デフレ、一八八一年（明治一四）一〇月、明治一四年の政変のあと大蔵卿に就任した松方正義《まさよし》の紙幣整理、経済政策は、極端なデフレ政策にあった。そのピークが一八八四年（明治一七）から一八八五年（明治一八）にかけてであり、デフレ政策とそれによる公租負担の実質的増大が、こうした社会経済的状況を生み出すことになっていた。

流民と農民層分解

一八八五年（明治一八）夏、神奈川県小田原付近の旧東海道では、「流民ノ老ヲ携ヘ幼ヲ扶《たす》ケテ、東京ニ生活ノ便ヲ求メントシテ、郷里ヲ離レ来ル者」が「幾群《いくたむれ》トナク」「道路ニ陸続タル」光景があった。また、大阪市中では、すでに前年の一二ヵ月間で餓死者数が三〇〇人余であった。行き倒れた人は、それを掲示するのが警察の規則であったが、その数があまりに多いために、掲示を廃止する事態となっていた。奈良県では、餓死者だけではなく、流民も多かった。前年よりさらに増加し、警察署では本籍地へ引き渡す業務を行なっているが、「乞丐ハ日月ニ多キヲ加ヘ」「到底警察ノ力ノ及ハサル」状態となっていた〔井上 一八八六〕。

こうして、農山漁村から析出された人たちの多くは、都市雑業層として明治期の都市スラムを形成することになる。それについては、一八九二年（明治二五）一一月から翌年八月にかけて『国民新聞』に連載された松原岩五郎「最暗黒の東京」(一八九三年民友社から単行本)、横山源之助『日本之下層社会』(一八九九)などに詳しい。資本主義社会における労働者あるいは労働者予備軍の形成であった。

農村についても、その経済的困窮は解消されたわけではなかった。松方デフレがピークであった一八八四年(明治一七)の全国土地抵当負債高は二億三三一〇万円であったのが、六年後の一八九〇年(明治二三)には三億四三七〇万円にふくれあがる。わずか六年間で総負債高が一・四七倍に増大している。抵当物件の田畑は、やがて、少数の地主層に蓄積され、いっぽうで、所有耕地を失った農民は小作人として農村に堆積していく。お雇い外国人のペ・マイエット(パウル・マイエット)は、こうした社会経済的状況を、「日本農民ノ疲弊若《も》シ今日ト同一ノ速度ヲ以テ進行スルトキハ中級農民ハ十五箇年乃至二十箇年ノ後ニ全ク消滅スルニ至」り、「今日現存スル六十五万戸ノ中級農民ハ殆《ほとん》ト無一物ノ貧民ト化シ去ル」であろうと述べている〔ペ・マイエット　一八九三〕。そして、資本主義経済の展開のために、こうした地主―小作に分解した生産関係において、没落する中農層また小作層から、労働者あるいは労働者予備軍が析出されることになる。

労働者としての娘

ヨーロッパ諸地域と同様にして、日本の産業革命も繊維産業からであった。一八九〇年代、紡績業・製糸業、双方において、それは急速に展開する。一八九六年（明治二九）の棉花輸入関税撤廃を最終的契機として日本列島の棉作はほぼ壊滅し、その後は輸入棉花を原料とする紡績業が展開するようになる。綿糸輸出高が綿糸輸入高を上まわるのは翌一八九七年（明治三〇）であり、一八九〇年代後半紡績資本の再生産構造が形成され、日本の紡績業は確立期をむかえる〔高村 一九七一〕。

製糸業では、一八九四年（明治二七）近代的機械工業による器械製糸生産高が、従来の座繰《ざぐり》製糸による生産高を上まわる。また、一九〇九年（明治四二）には、日本の製糸輸出高が中国を上まわり世界的水準に到達する。それは、市場競争に打ち勝ち、世界市場への本格的な進出により成し遂げられたものであった〔石井 一九七二〕。

そして、こうした世界市場への進出をもともなう日本の近代産業の確立をささえた労働者あるいは労働者予備軍こそが、松方デフレ以降農村から析出されていった、没落中農層および小作層、なかんずくその娘たちであった。彼女らが資本主義的生産関係をそのもっとも基底でささえていた。

たとえば、農商務省商工局編『綿絲紡績職工事情』（一九〇三）によれば、一九〇一年（明治三四）、関西主要一六紡績工場の男女別労働者数は、男五三六八人（二一・七％）・女一万九三四四人（七八・三％）であり、この女のうち一万二五四人（五三・〇％）は二〇歳未満の娘たちであった。一八九九年（明治三二）、東京の代表的紡績会社、鐘《かね》ケ《が》淵《ふち》紡績《ぼうせき》株式会社の男女別労働者数は、男七九一人（二四・五％）・女二四三三人（七五・五％）であり、この女のうち一七七四人（七二・九％）が二〇歳未満の娘であった。「我国紡績職工ノ大半ハ女工」であったのである〔農商務省商工局　一九〇三a〕。製糸業についても、農商務省商工局編『生糸織物職工事情』（一九〇三）によれば、もっとも工場数・労働者数の多い長野県の二〇五工場では、一八九八年（明治三一）の男女別労働者数は、男一一〇一人（八・一％）・女一万二五一九人（九一・九％）であり、この女のうち八二八四人（六六・二％）は二〇歳未満の娘であった。「製絲職工ノ総数ニ就キ其九割ハ女工ニシテ男工ハ僅々《きんきん》一割ニ過キス」という状態であったのである〔農商務省商工局　一九〇三b〕。

しかし、資本主義経済の労働者として吸収された娘たちには保護立法はなく、無防備な状態で社会にさらされていた。彼女たちは郷里を離れ、粗末な「寄宿舎」「下宿屋」などに起居し、粗食の日常のなかで、紡績業では昼夜二交代制（徹夜業）、一日一一時間あるいは一一時間半の労働時間が一般的であり〔農商務省商工局　一九〇三a〕、製糸業では長野県の諏訪地域の製糸工場を例にとれば一三時間から一四時間の労働時間がふつうであった〔農商務省商工局　一九〇三b〕。工場法の公布は一九一一年（明治四四）、施行は五年後の一九一六年（大正五）、深夜・徹夜業禁止にいたっては改正工場法施行による一九二六（大正一五）を待たなければならなかった（紡績業界の女工・幼年工についてはさらにその三年後の一九二九年からであった)。

女工の身体と精神の破壊

原生的労働関係、社会保障のない劣悪な労働条件と衛生環境のなかで、女工として働く娘たちの身体は確実にむしばまれていった。紡績業のばあい、昼夜二交代制による長時間労働と粗食は胃腸など消化器系の疾病を一般化させ、食生活の変化はビタミンB_1摂取を妨げ脚気《かつけ》に罹《かか》る娘もいた。そして、綿《わた》埃《ほこり》・塵芥《じんかい》のなかでの労働は、気管支をむしばみ、いのちをも奪うこともある肺結核に罹る娘もいた〔農商務省商工局 一九〇三a〕。製糸業のばあいも、紡績業と同じように、夜業を含む長時間労働と粗末な食生活により、消化器系の疾病は慢性的であった。また、座業の多い製糸業のばあい痔疾、また、厳寒の冬季には霜焼け・冷え症、さらには、高温の蒸気にさらされるために手指の皮膚病、トラホームなどの眼病に罹る娘もいた〔農商務省商工局 一九〇三b〕。

こうした女工の身体破壊は、かならずしも急性ではなかった。生活習慣・労働環境じたいが身体をむしばんでいった。昼夜二交代制など劣悪な労働条件は、「女工の体格」をそこない、「長い時期に於て息の根を止め」「人の身体を破壊する」ものであった〔石原 一九一三a〕。

そして、こうした労働条件による身体の慢性的破壊は、それのみにとどまっていなかった。彼女たちの精神をもむしばんでいった。

「女工の心理」

一九一九年（大正八）夏、愛知県の紡績工場を視察した平塚らいてうは、そこで働く女工たちが、「十三四から十五六位の子供」であり、彼女たちが「子供らしい無邪気さも生々《いきいき》しさも愛らしさも消え果て、」「青黄色い、病人のやうなひからびた顔」であることに驚く。そして、まるで彼女たちは「子供の形をしたお婆さん」ではないか、とまでいう〔平塚 一九一九〕。

また、細井和喜蔵《わきぞう》は、その遺著『女工哀史《じょこうあいし》』（一九二五年）のなかで、抑鬱《よくうつ》した「女工の心理」を次のように記録する。

女工は暗い所を好む。「彼女達には、又大体に於て明るい処を好まず、薄暗い処を好く如き傾向がある」「同じお汁粉を食べるにしても浅草あたりの明るい店へは滅多に入らず、食べ度いのを我慢して本所の暗い家まで帰る」。陰気な場末を好む。「彼女達は現金で物を買ふ場合、掛値がなくて比較的廉《やす》く、選択の自由なデパートメントストアに行くことをせず、大概場末の小呉服屋で済ます」。そして、女工は他人をこわがるという。「女工は人を甚《ひど》くおそろしがる。仮令《たとえ》場末の小汚い蕎麦《そば》屋へは入るにもせよ、人が居《お》つたら容易には入らない」。服装についても、女工はふけていた。「女工は身の廻り一切非常に地味なつくりをする」「平均十くらひは外見だけ老けて見へる」〔細井　一九二五〕。

一九一〇年代末から一九二〇年代であってさえも、女工の精神はこのようにむしばまれていた。そして、こうした女工の精神的疾患、それを記録した細井であったが、彼の最期をみとり、『女工哀史』の「寄宿舎」生活の資料を提供した細井の妻の高井としをは、「細井だけが、私を同じ人間として同等にあつかってくれる」と思ったという〔高井　一九八〇〕。流浪する炭焼きの子として生まれ、一〇歳五ヵ月から紡績女工として、また、カフエーの女給をも転々とした高井の述懐である。「人間として同等」に扱われないがゆえの抑鬱、それが、高井のこの細井への述懐として逆説的に表現されているように思われてならないのである。

堕胎をめぐる社会関係

堕胎罪の裁判記録

ここに、岡本梁松《はりまつ》という法医学者が収集した「本邦ニ於ケル堕胎ニ関スル統計的調査ノ一斑《いっぱん》」という記録がある。岡本は、一八九九年（明治三二）京都帝国大学に新設された法医学講座で、一九二三年（大正一二）に退職するまで、ドイツ法医学を導入し標本の収集や堕胎の研究を行なった研究者である〔京都大学百年史編集委員会 一九九七〕。この岡本が、日本列島各地の地方裁判所に依頼して堕胎罪関係の裁判資料を収集し、それを一覧表として整理し、京都医学会編『京都医学雑誌』という学術雑誌に発表したものが、この「本邦ニ於ケル堕胎ニ関スル統計的調査ノ一斑」であった。第一回報告を第一七巻第六号（一九二〇年六月）に、第二回報告を第二六巻第八号（一九二九年八月）〜第二六巻第一〇号（一九二九年一〇月）に連載し、三四地方裁判所から報告された、一八九九年（明治三二）から一九一八年（大正七）年までの合計三二〇件の堕胎罪裁判記録を抄録している。

これは、岡本が京都帝国大学総長を通じて、全国の各控訴《こうそ》院検事長経由で各地方裁判所へ裁判記録の借用を依頼し、それを記録したものであり、次のような合計一五項目によった整理を行なっている（岡本が使用した言葉ではなく現在の適切な言葉になおした）。

一、堕胎の年月。二、場所。三、胎児の父親の年齢・職業・犯罪歴。四、胎児の母親の年齢・職業・犯罪歴。五、手術者の年齢・職業・犯罪歴。六、幇助《ほうじょ》者・誘導者の年齢・職業・犯罪歴。七、胎児の妊娠月数。八、戸籍上の胎児の位置。九、堕胎の理由。一〇、堕胎の方法。一一、手術時の異常および手術後の状態。一二、手術から分娩までの時間。一三、堕胎罪などによる判決内容。一四、金銭授受の内容。一五、備考。

これら一五項目について、合計三二〇件には、記述の濃淡、内容が不明なところもあり、また、これらは堕胎事件の一部にすぎない。しかし、項目ごとに整理され、豊富な情報量を含んでいるので、一九〇〇年（明治三三）前後から一九一〇年代前半にいたるまでの堕胎および堕胎罪の現実を把握するためには、もっとも適切な資料であると考えてよいだろう。以下、堕胎および堕胎罪の現実を把握するために、まずは、岡本の「本邦ニ於ケル堕胎ニ関スル統計的調査ノ一斑」に記載された三二〇件の堕胎罪事件を中心に、その内容をみていくことにしよう（以下、出典を注記しないものは岡本梁松「本邦ニ於ケル堕胎ニ関スル統計的調査ノ一斑」による）。

家族計画ではない堕胎

最初は堕胎を行なった女の現実からである。

まず堕胎を行なった女の年齢をみてみよう（年齢は現在のような満《まん》ではなく数えの可能性が高い）。岡本の「本邦ニ於ケル堕胎ニ関スル統計的調査ノ一斑」に記された全三二〇件を集計すると、一六歳～二〇歳が合計八八人（二七・五％）、二一歳～二五歳が一二一人（三七・八％）を数え、二五歳までで実に二〇九人（六五・三％）にのぼる。そのうち最高は二一歳の三九人（一二・二％）である。そして以下、年齢層が高くなるにつれて、二六歳～三〇歳が四九人（一五・三％）、三一歳～三五歳が二二人（六・九％）、三六歳～四〇歳が二一人（六・六％）、四一歳以上が一四人（四・四％）と減少していく（年齢不明が五人）。つまり、堕胎を行なった女の約六五％は二五歳まで、約八〇％が三〇歳までであり、年齢層は若かった。

こうした堕胎を行なった女の年齢の若さは、たとえ、当時がいまより早婚であったとしても、この女たちが既婚者ではなかった可能性を示唆してくれる。それを裏づけるように、胎児の戸籍上の位置をみてみると、「私生」児が二七四人（八五・六％）で圧倒的多数におよび、それに対して、「公生」児は三〇人（九・四％）にすぎない。男とのあいだが「内縁」関係とされる「準公生」児も七人（一一・一％）である（不明が九人）。つまり、この時期、堕胎罪で起訴された女は、戸籍上の夫婦間によった妊娠によるものは少なく、婚姻以外の性によって妊娠したものであり、その胎児が堕胎されていたわけである。一九〇〇年（明治三三）前後から一九一〇年代前半にいたる時期に行なわれた堕胎の多くは、婚姻関係のなかにあったのではなく、また、家族計画として行なわれたのでもなかった。近年、近世教育史において、江戸時代の間引きを家族計画として把握しようとする研究があるが〔太田（編）一九九七、太田 二〇〇七〕、すくなくとも、近代社会の堕胎をめぐっては、そうした理解をすることは不可能ではないかと思われる。

これについては、一九三二年（昭和七）三月の司法省調査課編『司法研究』第一五輯に所収された、一九二〇年代後半の堕胎罪をめぐる総合的な調査報告書、広島区裁判所検事櫻井忠男の「堕胎罪に就て」によっても裏づけることができる。櫻井の「堕胎罪に就て」は、一九二六年（大正一五・昭和一）から一九三〇年（昭和五）までの堕胎理由がわかる合計一〇三六件の堕胎罪事件判決書の集計を行ない、その内容を「自大正一五年至昭和五年五年間　妊婦ノ堕胎ヲ為スニ至リタル原因調」という表に整理している。それによれば、「私通」によるものが七一五件（六九・〇％）を占め、堕胎の約三分の二が婚姻以外の性による妊娠であった。そのほかに、「貧困」によるものが一四七件（一四・二％）、「病弱」によるものが四三件（四・二％）、「多産」によるものが四一件（四・〇％）であるので（「その他」が九〇件ある）、これらについては、婚姻関係のなかの堕胎であった可能性が高いが、一九二〇年代後半の時期の堕胎についても、婚姻以外の性によるものが多数を占めていたと考えなければならない。

堕胎を行なった女

それでは、こうした堕胎を行なった独身の女は、どのような人たちであったのだろう。岡本の「本邦ニ於ケル堕胎ニ関スル統計的調査ノ一斑」には、胎児の母親つまり堕胎の当事者であった女の職業が記されている。

堕胎した女の職業は、農業が圧倒的に多く、一四三人（四四・七％）で半数近くにおよぶ。もちろん農業といっても、その内容は地域差がはげしく、また、零細な小農経営による日本の農業のばあい、その栽培作物についても複合的性格が強かったと思われるが、詳細な記載はないので、ここでは一律に農業とのみしておきたい。

いっぽうで、明らかに貧困な状態におかれていることが推測される職業の女も多い。たとえば、農家への「奉公人」の女が七人（二・二％）、「下女」「下婢」と記された奉公人が七人（二・二％）、単に「奉公人」とだけ記された奉公人が一三人（四・一％）いる。これら合計で二七人（八・四％）にのぼる。これらのほかに、「日稼」「日雇」とだけ記されたものが一七人（五・三％）、「雇人」とだけ記されたものが七人（二・二％）、それらのほかに、飲食店の「雇人」が三人（〇・九％）、旅館の「雇人」が三人（〇・九％）、水車業の「雇人」が一人（〇・三％）で、これらを合計すると三一人（九・七％）となる。

つまり、「奉公人」「日稼」「雇人」を合計すると、彼女たちだけで五八人（一八・一％）にのぼり、堕胎した女の約五人に一人は、劣悪な労働条件のもとで、若年期から労働せざるを得ない貧困な独身の女であったことになる。

それを裏づけるように、いっぽうで多いのが、繊維産業の女工が堕胎を行なっているばあいである。

「糸曳《いとひき》」「糸取《いととり》」が五人（一・六％）、製糸女工が八人（二・五％）、縮緬《ちりめん》織が六人（一・九％）、機織《はたおり》工が三人（〇・九％）、機織兼農業が三人（〇・九％）、木綿賃織が五人（一・六％）で、これら女工を合計すると三〇人（九・四％）となる。つまり、堕胎を行なった女の約一〇人に一人は女工であった。なお、「糸曳」「糸取」については、その内容は製糸女工と同じであると考えられるが、「糸曳」「糸取」が口語でもあるので、その内容は零細な製糸工場での労働であったと考えられる。また、機織兼農業および木綿賃織は、その労働現場が、大工場ではなく、織物を請け負う形式の零細な機織工場であった可能性が高い。特に、賃織については、織元などから綿糸などを借り受け機織を行なう問屋制家内工業とでもいうべき生産様式であったと考えてよいだろう。彼女たちは、農山漁村の余剰労働力として析出され、ようやく発展しつつある資本主義的生産関係の末端に組み込まれていたのである。

　このように、堕胎を行なった女の年齢と職業から推測できることは、農山漁村の貧困な家の娘が、農山漁村に「奉公人」「日稼」「雇人」としてそこに堆積し、あるいは、そこから女工として析出せざるを得ない生産関係のなかに置かれ、無防備な状態で堕胎に直面していたことであった。そのように考えたとき、半数近くの一四三人（四四・七％）にもおよぶ職業が農業とされる堕胎を行なった女たちについても、こうした「奉公人」「日稼」「雇人」として、また、女工として、析出されざるを得なかった女たちと、ほぼ同様の階層にある農家の娘であった可能性が高い。没落中農層または小作層など、社会経済的には地域社会の中下層から、堕胎を行なった女たちの多くが登場していたと思われるのである。

　なお、これら以外に記された職業については、次のようなものであった。漁業が二人、魚行商が二人、水車業が一人、按摩が一人、菓子商が二人、裁縫業が二人、裁縫教師が一人、商業が二人、酌婦が一人、豆腐製造業が一人である。ほかに、無職が一三人、不明が六一人である。不明については、岡本の「本邦ニ於ケル堕胎ニ関スル統計的調査ノ一斑」がもともと地方裁判所の裁判記録からの抄録であったので、原本の不備である可能性が高いが、あとでみるように、堕胎を行なった女がそれに失敗し死亡したばあいがあり、そうしたときには職業が不明となっていることもある。

堕胎を行なった女の現実が明らかになったところで、次は、その女のあいかたの男、堕胎された胎児にとってその父親にあたっていた男の現実についてみてみよう。

堕胎をめぐる男

まずは男の年齢である。女と違ってその年齢の幅は大きい。しかし、もっとも多いのは三〇歳までで、一八歳から二〇歳までが合計二三人（七・二％）、二一歳から二五歳までが合計九三人（二九・一％）、二六歳から三〇歳までが合計三八人（一一・九％）で、三〇歳まででで合計一五四人（四八・一％）と半数近くがこの年齢層である。堕胎を行なった女ほど若年期に集中しているわけではないが、そのあいかたの男についても、同様の傾向がみられることは、男も独身者が多かったことを推測させてくれる。しかしいっぽうで、男は壮年・老年者も目立つ。三一歳から三五歳までが二五人（七・八％）、三六歳から四〇歳までが八人（二・五％）、四一歳から五〇歳までが一二人（三・八％）、五一歳以上が一一人（三・四％）である。これについては、堕胎を行なった女は独身であるが、そのあいかたの男は既婚者であったケースも多かったのではないか、という仮定を成り立たせてくれる。なお、不明が一一〇人（三四・四％）いる。

次は男の職業についてである。もっとも多いのは、女と同様にして、農業の一二六人（三九・四％）であり、漁業も七人（二・二％）いる。また、「奉公人」が七人（二・二％）、

「日雇」が四人（一・三％）、「土方稼」が四人（一・三％）、「日稼」が二人（〇・六％）、「醤油製造業雇人」が一人（〇・三％）であり、これらを合計すると一八人（五・六％）におよぶ。これらをみると、女ほど顕著ではないが、堕胎に関係した男についても、社会経済的には下層の者が多かったものと推測される。また、職人もいる。大工が六人（一・九％）、木挽《こびき》が二人（〇・六％）、籠細工が一人（〇・三％）、鍬《くわ》柄《え》工が一人（〇・三％）である。特に、大工については、かつては、農山漁村の余剰労働力でもあった次三男など、あるいは、保有耕地のすくない自小作層または小作層の子弟が、若年期から年季奉公にいき、職人となることが多かったので、彼らについても社会経済的には中下層に位置していたと考えてよいだろう。また、近代産業の労働者とでもいうべく、駅夫二人（〇・六％）・火夫《かふ》一人（〇・三％）・電工一人（〇・三％）もあった。

こうした、あいかたの男の現実をみたとき、堕胎をめぐる胎児の母親と父親は、双方とも社会経済的には中下層に位置し、また、独身者が多かったのではないかと推測することができる。ほぼ同じ生活圏にある独身のこうした女と男とのあいだで性関係がうまれ、女が妊娠したとき、堕胎が行なわれることがあったのである。

いっぽうで、男のばあい、女とは異なり、比較的上層に位置していたのではないかと推測できる人たちもいる。たとえば、僧侶が六人（一・九％）もおり、旅人宿主一人（〇・三

%）・縮緬《ちりめん》卸業一人（〇・三％）・米穀商一人（〇・三％）・木材商一人（〇・三％）・農業兼生糸商一人（〇・三％）などの商人、醤油製造業一人（〇・三％）・製麺業一人（〇・三％）・製糸業一人（〇・三％）・農業兼金巾《カネキン》製造一人（〇・三％）・農業兼印刷業一人（〇・三％）などの製造業者、村助役一人（〇・三％）・村役場書記一人（〇・三％）などもあり、彼らについては、社会経済的には中下層の女とのあいだに性関係を生じさせていた可能性が高い。

なお、これら以外に記された職業については、水車業一人・理髪業一人・駐在所巡査一人・按摩《あんま》一人・船乗一人であり、ほかに、無職一人である。そして、女と大きく違う点は、不明が実に一二九人（四〇・三％）におよぶことであった。

「奉公人」の娘

これらのように、堕胎を行なった女と男の年齢と職業を整理してみると、彼女ら・彼らのあいだには、おおよそ次のような二つのパターンがあった。

一つは、女と男とが社会経済的にみて同じ階層と生活圏にあり、そこでの生活のなかで性関係を生じ妊娠、堕胎におよんでいたばあいである。彼女ら・彼らはおおむね相互に独身者で社会経済的には中下層に位置していることが多かったものと思われる。

二つは、男が女よりも社会経済的にみて上位の階層にあり、あるいは、女の雇用者である男が被雇用者の女とのあいだに性関係を生じさせ、女が堕胎におよんでいたばあいである。セクシュアル・ハラスメントが行なわれていた可能性も高い。その逆に、女が男の雇用者であることもあったが、このような事例はまれであった。

これら二パターンのうち、一つめのパターンが多かったと思われるが、その典型例として、社会経済的にみて中下層に位置すると考えられる女の「奉公人」が、ほぼ同じ社会経済的条件にあると考えられる男とのあいだで妊娠し、堕胎におよんでいるばあいから、堕胎の具体的内容をみていってみよう。

一九〇一年（明治三四）九月京都府熊野郡で堕胎（妊娠四ヵ月）を行なった「奉公人」の女（二九歳）は、同じく「奉公人」の男（二三歳）とのあいだで妊娠している。手術者については六九歳とだけありどのような人物であったか不明であるが、三日六時間後に胎児を出産した（堕胎罪の刑期についての記載はない）。

奉公人の女と奉公人の男とのあいだの妊娠と堕胎をもうひとつみてみよう。

一九〇二年（明治三五）八月福井県三方《みかた》郡で堕胎（妊娠四ヵ月）を行なった「奉公人」の女（二四歳）は、「相《あい》奉公」の男（年齢不明）とのあいだで妊娠している。手術者は農業の女（二二歳）で、二四時間後に胎児を出産した。堕胎罪による刑期は、男がなし、女が懲役一ヵ月、手術者は不明であった。

この二つの事例でもそうであったが、「奉公人」の女は年齢的にはその多くが二〇歳代であり、堕胎された胎児は「私生」であった。このような現実は、中下層の独身の娘が奉公に出され、そこにおいて、同じような社会経済的条件にある独身の若者とあいだで性関係がうまれ、妊娠し堕胎におよんでいたことを物語る。

次は、こうした「奉公人」の娘が農業の独身の男、つまりは、農家の若者とのあいだで妊娠し堕胎を行なっていた事例である。

一九〇一年（明治三四）五月奈良県高市郡で堕胎（妊娠五ヵ月）を行なった「奉公人」の女（二二歳）は、農業の男（二三歳）とのあいだで妊娠している。「奉公人」の女の姉が「周旋人」となり、前科一犯（堕胎罪）の産婆（四一歳）により手術をうけ、二四時間後に「腹痛始」まり、一日と一六時間後に胎児を出産した（堕胎罪の刑期についての記載はない）。

こうした「奉公人」の娘の堕胎において、それにより娘が死亡しているばあいもある。

一九〇一年（明治三四）九月大阪府泉南郡で堕胎（妊娠六ヵ月）を行なった「奉公人」の女（二一歳）は、農業の男（二〇歳）とのあいだで妊娠し、前科一犯（堕胎罪）の「布織職」（四八歳）により手術をうけ、一日と一〇時間後に胎児を出産した。しかし、この「奉公人」の女は四日後に「敗血症」のため死亡した（堕胎罪の刑期についての記載はない）。

実は、「奉公人」の娘だけではなく、堕胎に失敗し、女が死亡している事例は少なくはない。このような堕胎に失敗し死亡している事例についてでは、このあとも逐次述べたいが、ここではもうひとつだけ、「奉公人」の娘が堕胎に失敗し、死亡している事例をみておこう。

一九〇一年（明治三四）一月大阪府泉南郡で堕胎（妊娠四ヵ月）を行なった「下婢」の女（二三歳）は、農業の男（二二歳）とのあいだで妊娠している。前科五犯（堕胎罪）の農業の女（六一歳）により手術をうけ、二日と八時間後に胎児を出産した。しかし、この「下婢」の女は、一二日後に肋膜炎・化膿性腹膜炎により死亡している（堕胎罪の刑期についての記載はない）。

「日稼」「雇人」の娘

次は、「奉公人」「下婢」にくらべればわずかであるとはいえ現金収入とも無縁ではないと考えられる「日稼」「雇人」の女である。

一九〇四年（明治三七）一〇月愛媛県伊予郡で堕胎（妊娠六ヵ月）を行なった「日雇」の女（二三歳）は、農業の男（二二歳）とのあいだで妊娠している。「無資産」「養育不能」のため、農業の女（六三歳）によって手術をうけ、二〇時間後に胎児を出産した。堕胎罪による刑期は、男がなし、女が懲役一ヵ月、手術者も懲役一ヵ月であった。

次のような、娘も若者も「雇人」の堕胎事件もあった。

一九〇七年（明治四〇）二月熊本県飽託《ほうたく》郡で堕胎（妊娠三ヵ月）を行なった「雇人」の女（二一歳）は、同じく「雇人」の男（二一歳）とのあいだで妊娠している。農業の男（二五歳）が仲介者となり産婆（六七歳）により手術をうけた。堕胎するまで一一日があったが、その前夜から「腹ガ痛ミ」胎児を出産した。堕胎罪による刑期は、男・女・手術者とも懲役一ヵ月（執行猶予二年）であった。

次のような堕胎は、その凄惨さもふくめ、気持のやりばがなくなるほどである。

一九一〇年（明治四三）六月熊本県飽託郡で堕胎（妊娠九ヵ月）を行なった「日雇稼」の女（三〇歳）は、農業の男（二五歳）とのあいだで妊娠している。「生計困難ニシテ産児ノ処置ニ窮シ」た女は、みずから堕胎手術を行ない、約二〇日後に胎児を出産した。しかし、胎児は生きていたので、「顔面、頭部等ヲ圧迫シテ窒死」させた（堕胎罪の刑期についての記載はない）。

さきにみた志賀暁子事件と同じように、妊娠九ヵ月での強制的流産とでもいうべきこの堕胎において、胎児は生きて生まれてきた。しかし、そのために圧殺されていた。

貧困であるがゆえに堕胎をせざるを得なかった「日雇稼」の女の事例をもうひとつみてみよう。

一九一四年（大正三）一二月秋田県河辺郡で堕胎（妊娠六ヵ月）を行なった「日雇稼」の女（一九歳）は、農業の男（二三歳）とのあいだで妊娠している。「極貧ニテ産児ノ処置ニ窮」した女は、「手間取稼」女（六一歳）により手術をうけ、一日半後に胎児を出産した。堕胎罪による刑期は、男がなし、女が実刑（刑期は不明）、手術者が懲役五ヵ月であった。

このばあい、堕胎を行なった「極貧」の「日稼女」だけではなく、手術者についてもその職業は「手間取稼」とあり、貧困な生活状態にあったものと思われる。そしてさらに、手術を行なった「手間取稼」女は次のような供述を行なっている。

「私ハ幼少ノ時ニ母カラ腹ニ這入《はい》ツテ居ル子供ヲ下スニハ三寸許《ばか》リノ長サデ太サ人指指位ノ竹ニ麻糸ヲ付ケテソレヲ子宮内ニ奥深ク入レテ置ケバ自然ニ子供ガ下リルモノダト云フコトヲ聞テ居リマス」。

この女は、自分が行なった堕胎の方法について、それを幼少期に母親から聞いていたというのである。子宮に異物を挿入する堕胎の方法が、世代を継いで伝承されていたものと考えてよいだろう。

紡績女工

これまで、「奉公人」「日稼」「雇人」の娘が、その困難な社会経済的条件のもとで、やむなく堕胎を行なってきた事例をみてきたが、次は、繊維産業の女工、資本主義経済をそのもっとも基底でささえる労働者でもある娘が堕胎を行なっているばあいである。紡績女工から見ていってみよう。

一九一一年（明治四四）四月岡山県浅口郡で「準公生」児の堕胎（妊娠三ヵ月）を行なっ

た紡績女工の女（二〇歳）は、結婚して三ヵ月間ほど男（職業不明）と「同棲セルモ末ノ見込ナキ為離婚」したが、そのあいだに妊娠したため「産児ノ処置ニ窮シ」、堕胎におよんでいる。手術者は、按摩《あんま》（盲目）の男（六四歳）で、二日と一三時間後、「工場ニ夜勤中」「腰ガ張リ便所ニ行キシニ間モナク分娩」したというものであった。堕胎罪の刑期は、男はなし、女もなし、手術者が懲役八ヵ月であった。このばあい、紡績女工が三ヵ月の同棲期間中に妊娠し、その胎児を堕胎していたことになる。

それでは、こうした紡績女工の娘が堕胎を行なうまでに至る状況、紡績女工をとりまく性はどのようなものであったのだろう。たとえば、一九〇〇年（明治三三）から翌年ごろの大阪の紡績工場の状態である。

紡績女工は、「寄宿舎」「下宿屋」で共同生活をいとなむなか、男との性関係が生まれていた。しかしそれは、女だけの共同生活が行なわれる「寄宿舎」「下宿屋」内ではなく「外テ一処ニナル」のがふつうで、あいかたの男については、「同一工場ニ於ケル男工」だけではなく「社外ノ者ニ対スル場合」も多かった。しかし、その関係は「離合常ナキモノ」で、劣悪な労働条件とこうした性を続けるうちに、工場を流転し、買売春の世界に身を投じる娘もいたという（農商務省商工局 一九〇三a）。

ある紡績工場では、女工が男との間を「取リ持ツテ」もらい「待合」「男ノ下宿」などで性関係が生じ、妊娠する女工も「随分アル」状態であり、別の紡績工場の女工によれば、「寄宿舎ニテ現ニ懐妊者三四名（三、四名）」もあった。また、女が妊娠すると「夫婦トナリ世帯ヲ持ツ」者もあったが、「懐妊セシトキハ男カ之ヲ引取リ十五円廿円ヲ付ケテ他ニ子供を遣ス」、つまりは、里子あるいは貰い子に出すばあいもあった。しかし、「男ヨリ異論ヲ持出シ知ラヌ顔ヲナシ或ハ他ニ逃走スル」男もいたために、たとえば、「男カ逃去セシニ依リ」「落胆シ」「毎日泣テ」「一層身ヲ投ケテ死スル方勝レリ」と思い詰める妊娠女工すらいた〔農商務省商工局 一九〇三d〕。

農山漁村の中下層から析出された娘たちが、資本主義経済をそのもっとも基底でささえる労働者として存在するようになったとき、「寄宿舎」「下宿屋」のなかで男とのこうした性関係のなかにおかれ、ときには、妊娠し、さらには、やむを得ず堕胎という事態に立ち至ることとすらあったわけである。

製糸女工

次は、製糸女工、もっとも製糸業が盛んであった長野県の事例である。

一九〇六年（明治三九）一〇月長野県上伊那《かみいな》郡で堕胎（妊娠七ヵ月）を行なった製糸女工（二三歳）は、農業の男（二四歳）とのあいだで妊娠している。「貧困」かつ「世間ニ面目」なく、按摩（盲目）の女（七七歳）により手術をうけ、三日後に胎児を出産した（堕胎罪の刑期についての記載はない）。

それでは、こうした製糸女工をとりまく性はどのようなものであったのであろう。

製糸女工のばあいも、「工女カ男工又ハ附近ノ壮者ト情ヲ通スルコト殆ント一般ノ事」であり、そうであるがゆえに、妊娠そして堕胎という事態に至ることがあった。また、セクシュアル・ハラスメントとでもいうべき状態で、女工が男と性関係を持たされるばあいもあった。たとえば、小工場では「工場主又ハ其子弟カ工女ノ節操ヲ傷クコト」、また、「事務員及ヒ見番等カ其地位ヲ利用シテ工女ニ臨ムコト」があり、「工女トノ関係ヲ藉《か》ツテ（もうけて）工女ノ勤続ヲ図ル所ノ工場」さえもあった〔農商務省商工局　一九〇三b〕。

時期的にはややあとになるが、次のような事件も起こっていた。一九二四年（大正一三）夏、長野県岡谷のある製糸工場「寄宿舎」でひとりの女工が突如激しく苦しみ息をひきとった。目は飛び出し、嘔吐と吐血により悶絶するありさまは、凄惨きわまりないものであったという。解剖の結果、この女工は妊娠四ヵ月で、ある堕胎薬を絶食の上、倍量服用したためであることがわかったという。しかし、あいかたの男はついにわからないままであった〔山本　一九六八〕。

機織女工

次は、機織女工のばあいである。

一九〇一年（明治三四）旧三月兵庫県出石《いずし》郡で堕胎（妊娠三ヵ月）を行なった縮緬《ちりめん》織の女（二四歳）は、農業の男（二七歳）とのあいだで妊娠をしている。「養育不能」のため、前科二犯（堕胎罪）の産婆（六五歳）により手術をうけ、一日と六時間後に胎児を出産した。堕胎罪の刑期は、男がなし、女が懲役二ヵ月、手術者が懲役六ヵ月一五日であった。

また、一九〇一年（明治三四）八月奈良県北葛城《きたかつらぎ》郡で堕胎（妊娠三ヵ月）を行なった木綿賃織の女（一八歳）は、農業の男（一九歳）とのあいだで妊娠をしている。「世評ヲ憚《はばか》リ」、同じく木綿賃織兼産婆助手の女（四八歳）により手術をうけ、一日と一八時間後に胎児を出産した。刑期は男がなし、女が懲役一ヵ月一五日、手術者が懲役二ヵ月一五日であった。

こうした機織女工の女のばあい、あいかたの男の職業は農業である場合が多い。彼女たちは、零細な工場での機織女工であったことであろう。その彼女たちと、おそらくは近隣の農村の若者とのあいだで性関係が生じていたのである。

それを裏づけるように、一九〇〇年（明治三三）の農商務省の統計によれば、この年の全機業家戸数が三七万一七八〇戸であるのに対して、織機台数は七七万三四一二台であり、一戸平均でわずかに二・一台を保有しているにすぎない。そして、全職工数八六万八五四四人に対して、女工数は八二万八四〇七人（九五・四％）を占めていた〔農商務省商工局 一九〇三 c〕。問屋制家内工業といってもほぼ間違いないだろう、工場とは名ばかりの粗末な建物も多かったと思われる、零細小規模な機織工場で機織女工が賃機《ちんばた》にいそしむというのが、機織女工の実態であり、近隣の若者とのあいだで性関係が生じやすかったのもそのためであった。

たとえば、ある機業地では、「夜間其土地若者三々伍々工場ノ周囲ニ蝟集《いしゅう》シ来リ工女等ニ戯ル、(俗ニ機場素見《ヒヤカシ》ト称ス)」ことがふつうで、「彼等若者ハ夜間機場ノ窓側ニ佇《たたず》ミ場内工女ト喃話《なんわ》シ」「馴染《なじ》ミ次ノ休日若《もし》クハ物日《ものび》等ニ出会スルヲ約スル」ようになっていた。また、工場の「雇主ニシテ工女ニ戯レ」る者もいたという〔農商務省商工局 一九〇三c〕。

農家の娘

これまで、社会経済的にみて中下層に位置すると考えられる「奉公人」「日稼」「雇人」、そして、女工の娘が妊娠し、堕胎を行なっている事例をみてきた。おそらくは貧困な没落中農層または小作層の、余剰労働力でしかない娘が家から析出され、「奉公人」として、あるいは「日稼」「雇人」の仕事に、さらには、女工として資本主義経済を基底でささえる労働者として、社会生活をいとなむことになっていた。そして、「奉公人」「日稼」「雇人」の女は同じ「奉公人」「雇人」の男あるいは農民の男と、女工として働くばあいは工場の男工や地域の若者などとのあいだに性関係が生まれ、あるいは、セクシュアル・ハラスメントとでもいうべき状態で男から性を強要されるばあいもあった。そして、結果的に、彼女たちは「私生」児を妊娠するにまでにいたることがあり、経済的にも、また、労働・生活環境についても、出産のための充分な準備もないままに、堕胎をせざるを得ない現実に直面することになっていた。

したがって、次にみる農家の娘についても、このような「奉公人」「日稼」「雇人」または女工のように、若年期から社会にさらされていなくとも、彼女たちと同じような、貧困な没落中農層または小作層の娘たちであった可能性が高い。

一九〇一年（明治三四）一一月山口県熊毛《くまげ》郡で堕胎（妊娠五ヵ月）を行なった農業の女（一七歳）は、農業の男（一九歳）とのあいだで妊娠している。「養育難」により「蓆《むしろ》製造」の女（六一歳）の手術をうけ、一二日一六時間後に胎児を出産した（堕胎罪の刑期についての記載はない）。

一九一一年（明治四四）一二月佐賀県西松浦郡で堕胎（妊娠三ヵ月）を行なった農業の女（二〇歳）も、農業の男（一九歳）とのあいだで妊娠している。男が「若年（徴兵前）」で、また、「父母モ夫婦ニシテ呉レル望ナク」、しかも、「産児養育ノ資産ナシ」のため、前科二犯（堕胎罪）の「草履《ぞうり》製造婦」の女（七二歳）による手術をうけ、二四時間後に胎児を出産した（堕胎罪の刑期についての記載はない）。

ここでは二例のみにとどめておきたいが、このような、農家の娘が農家の若者とのあいだで妊娠し、堕胎におよんでいるばあいは多い。

そうしたなかで、農家の娘が農家の若者とのあいだで妊娠し、しかし、堕胎に失敗し死亡した事例もある。

農家の娘の堕胎致死

一九〇一年（明治三四）三月愛知県知多《ちた》郡で堕胎（妊娠四ヵ月）を行なった農業の女（二三歳）は、農業の男（二三歳）とのあいだで妊娠している。「処置ニ困リ」、前科二犯（堕胎罪）の「雇人口入《くちいれ》兼棒手振《ぼてふり》」の女（六七歳）による手術をうけたが、一日と五時間後に、女は「大渇」「衄血《じくけつ》」「産前ノ激痛」のあと死亡した。しかし、「胎児ハ産出セザリシ」まま、現場では「藪甘草《やぶかんぞう》（又蛇ツカミ）ノ根長サ三寸位ノ細キ針尖形ニ切リタルモノ一本」が発見された（堕胎罪の刑期についての記載はない）。

もうひとつ、農家の娘が堕胎に失敗し死亡した事例をみてみよう。

一九〇八年（明治四一）一月熊本県天草郡で堕胎（妊娠三ヵ月）を行なった農業の女（二一歳）は、農業の男（二三歳）とのあいだで妊娠している。ところが、妊娠したまま「最近他ニ嫁入リシ」ため、盲目の鍼治《しんち》・私医業の男（四七歳）による手術をうけ、約二日後に胎児を出産した。しかし、「約二週間ノ後、腹膜炎ニテ死亡」している（堕胎罪の刑期についての記載はない）。

さきに奉公人の女が堕胎に失敗し死亡した事例を紹介したが、同様の例は奉公人だけではなかったわけである。

農家の娘のあいかたは農家の若者であるばあいがもっとも多かったが、農業以外の職業の男のばあいもある。一例だけあげておこう。

一九〇九年（明治四二）八月佐賀県小城《おぎ》郡で堕胎（妊娠四ヵ月）を行なった農業の女（二一歳）は、「土木工夫」（年齢不明）とのあいだで妊娠している。「夫婦ニナルコトガデキヌ為」、「小間物《こまもの》行商」（五一歳）の女の「堕胎周旋」により、同じく「小間物行商」（六四歳）の女による手術をうけ、六日後に胎児を出産した。堕胎罪による刑期は、女が懲役三ヵ月（執行猶予四年）、手術者と「堕胎周旋」者の刑期は不明であった。なお、この事件のあいかたの男は、「従業中轢死《れきし》」したという。

そして、いまみた農家の娘の堕胎を例にとってみても、堕胎手術者については「蓆製造」「草履製造婦」「雇人口入兼棒手振」「小間物行商」などであった。堕胎を行なった女だけではなく、堕胎手術者がこうした雑業層であったことは、地域社会の中下層に、堕胎をめぐる社会環境が存在していたことを物語るといってよいだろう。

前資本主義的生産関係の残存

これまで、一九〇〇年代から一九一〇年代に堕胎を行なった女たちが置かれていた社会経済的状態をみてきた。「奉公人」「日稼」「雇人」、そして、女工であった彼女らをもっとも典型例として、また、そうした女子労働者とならなかった農村の女たちについても、社会経済的には地域社会の中下層に位置していることは明らかであった。おおむね彼女らは、寄生地主制のもと零細な小農経営の一員として労働に従事し、また、その小農経営から余剰労働力として析出され「奉公人」「日稼」「雇人」として貧困な生活を余儀なくされ、あるいは、資本主義経済展開のための労働者、女工として社会生活をいとなまなければならなかった。

しかし、たとえば、彼女らをとりまく地域社会の生活世界、彼女らの堕胎手術を行なった人たちをとりあげてみても、いまだ近代的生活臭は弱い。女工として析出されるいっぽうで、「奉公人」「日稼」「雇人」がいるといったように、前資本主義的生産関係の残存が色濃い。すでに、日清戦争が一八九四年（明治二七）から翌年にかけて、日露《にちろ》戦争が一九〇四年（明治三七）から翌年にかけて行なわれていた。しかし、一九〇〇年代から一九一〇年代にかけての堕胎をめぐる社会経済史、おおむね中下層の女たちをめぐるそれは、資本主義的生産関係が本格的に展開し、彼女らを労働者として完全に組み込み得ているのではなかった。彼女らは徐々に資本主義的生産関係に組み込まれつつも、いまだ、前資本主義的生産関係の末端に生活していたのである。

家のなかの性と堕胎

夫婦間の経済的理由による堕胎

一九〇〇年（明治三三）前後から一九一〇年代にかけて、堕胎を行なった女のほとんどが独身であり、その堕胎が家族計画とは無縁であったことが明らかとなったが、いっぽう少数ではあるが、夫婦間の妊娠による堕胎も行なわれていた。岡本の「本邦ニ於ケル堕胎ニ関スル統計的調査ノ一斑」には、堕胎の理由が記されており、夫婦間によるときには、それが例外的な事例であったためか、独身者にくらべて記載が豊富である。

まずなんといっても、夫婦間による妊娠で、女が堕胎をした第一の原因は、経済的理由によるものであった。たとえば、一九〇四年（明治三七）一〇月福井県遠敷《おにゅう》郡で堕胎（妊娠五ヵ月）を行なった女（三〇歳・職業は不明）は「既ニ三児アリ夫ハ北海道ニ出稼シ且ツ資産ナシ」、一九〇六年（明治三九）七月千葉県市原郡で堕胎（妊娠四ヵ月）を行なった農業の女（三三歳）は「今マデノ小児ガ弱キ上ニ又小児ガ出来テハ働ケヌ故」、一九一二年（明治四五）七月一九日福島県安積《あさか》郡で堕胎（妊娠六ヵ月）を行なった農業の女（三〇歳）は「家計困難ナル為（既ニ三子アリコノ上出産シテハ到底養育不能）」といった理由であった。

そしてこれらでは、貧困だけではなく、すでにいる子供の養育と労働との関係が考慮されている。一九〇三年（明治三六）五月千葉県市原郡で堕胎（妊娠五ヵ月）を行なった農業の女（三〇歳）が「多人数ノ小供アリテ養育困難」、一九一五年（大正四）二月岩手県岩手郡で堕胎を行なった農業の女（三三歳）が「既ニ四子アリコノ上分娩シテハ養育ニ困ル又頑是ナキ病弱ノ末子（四歳）ニ難儀ヲサセルト思ヒ」と供述し、子供の養育を前面に出しているが、その背景には経済的理由がひそんでいたものと考えられる。

妊娠中に夫が死亡したために、それによる経済的理由により堕胎を行なった女もいた。一九〇三年（明治三六）三月徳島県板野《いたの》郡で堕胎（妊娠七ヵ月）を行なった「日雇」の女（三七歳）は「夫死亡」「家計難」のためであり、一九〇七年（明治四〇）年（月不明）長崎県北松浦《きたまつうら》郡で堕胎（妊娠六ヵ月）を行なった「日雇稼」の女（三三歳）は、「夫ニハ六月前死別シ」「家極貧」のためであった。

このような事例をみてみると、こうした夫婦間の妊娠による堕胎をして、そこに積極的な家族計画があったと考えることには無理があろう。貧困をよぎなくされているなかで、生活を維持していくための、やむを得ない選択であった。

長塚節『土』

したがって、よく知られた、そして、実話から取材しているのではないかといわれてきた、茨城県鬼怒《きぬ》川河畔の農村を舞台とした長塚節《たかし》の小説『土』における、小作農勘次と妻お品の経験も、このような現実のなかに位置づけることができる。情景描写を重視するアララギ派の歌人でもあった長塚は、この農村に生活する在村地主でもあった。その長塚が一九一〇年（明治四三）六月一二日から同年一一月一七日まで『東京朝日新聞』に連載（単行本としての刊行は一九一二年五月）したこの小作農の物語は、日露戦争後の農村社会を淡々とえがく。

物語は、勘次の妻お品が突然発熱し痙攣《けいれん》をおこし死亡するところからはじまる。破傷風であった。なぜこのようなことになったのか。

お品の葬儀の朝のことである。

勘次はその朝未明にそっと家の後ろの楢《なら》の木の間を田のはしへおりて境木《さかいぎ》の牛胡頽子《うしぐみ》のそばを注意して見た。唐鍬《とうぐわ》か何かで動かした土の跡が目についた。勘次は手にして行った草刈り鎌《がま》でそくそくと土をつつくようにして掘った。そうしてその柔らかになった土を手でさらった。襤褸《ぼろ》の包みが出た。彼はそこに小さな一塊肉を発見したのである。勘次はそれをだいじにふところに入れた。悪事の発覚でも恐れるような様子で彼はあたりを見回した。彼はさらに古い油紙で包んで片付けておいた。お品の死体が棺桶《かんおけ》に入れられた時彼はそっとお品のふところに抱かせた。お品のやせ切った手が勘次のするままにそれをしっかと抱きしめて、その骨ばかりの頬《ほお》が、ぴったりとすりつけられた。

妻お品はなぜ死んだのか。これによって勘次はすべてを理解する。お品は堕胎をした。しかし、その際になんらかの原因により身体を傷つけ、そこから破傷風菌が侵入することによって死に至ったのである。

『土』では、さらに、その堕胎をめぐる状況が明らかにされてくる。お品の堕胎は、これが最初ではなかった。勘次とお品との間には、おつぎと与吉と二人の子供があったが、一五歳になるおつぎと二歳の与吉の間で一人の胎児を堕胎していた。

お品は自分の手で自分の身を殺したのである。お品は十九の暮れにおつぎを産んでからその次の年にもまた妊娠した。その時は彼らは窮迫の極度に達していたのでその胎児は死んだおふくろの手で七月目に堕胎してしまった。それはまだ秋の暑いころであった。強健なお品は四五日たつと林の中で草刈りをしていた。それでも無理をしたためにその後大わずらいはなかったが回復するまでにはしばらくぶらぶらしていた。

小作農勘次とお品の夫婦による堕胎は、寄生地主制下の小農家族が、生活を維持していくために、それを行なったものであった。すでに、一九〇四年（明治三七）二月から翌年九月まで日露戦争をたたかい、一九一〇年（明治四三）八月には韓国併合、アジアの帝国主義国として確立しつつある日本社会の裏面に、こうしたいのちの選別をせまられる人たちの現実が存在していた。

資本主義的生産関係が形成されつつある社会で、しかし、いまだ前資本主義的生産関係が残存する社会の末端で、生き抜いていかなければならない女たち・男たちがいた。それは、独身であろうと既婚者であろうと、本質的な差異はなかったことであろう。彼女ら・彼らが、そうした社会経済的条件のもとで、いのちの選別に直面せざるを得なかったこと、それがまぎれもない現実であった。

「姦通」による堕胎

岡本の「本邦ニ於ケル堕胎ニ関スル統計的調査ノ一斑」にもどろう。

既婚者のばあい、夫婦間による妊娠ではなく、妻が夫以外の男とのあいだに妊娠し、その胎児を堕胎しているばあいがあった。当時の刑法で使われた言葉でいえば「姦通」による妊娠と堕胎であった（刑法の「姦通罪」は一九四七年廃止）。

その典型的な事例は、夫が出稼中に妻が夫以外の男とのあいだで妊娠し、その胎児を堕胎しているばあいである。

一九〇四年（明治三七）一一月滋賀県犬上《いぬかみ》郡で堕胎（妊娠五ヵ月）を行なった農業の女（三九歳）は、「本夫米国出稼中」に夫以外の農業の男（二五歳）とのあいだで妊娠し堕胎を行なった。一九〇七年（明治四〇）三月と一〇月の二度、千葉県香取郡で堕胎（妊娠三ヵ月）を行なった大工の妻（二四歳）は、「本夫ハ朝鮮ニ出稼中」に夫以外の農業の男（二八歳）とのあいだで妊娠したためであった。また、一九一二年（大正一）八月山口県大島郡で堕胎（妊娠四ヵ月）を行なった農業の女（三七歳）のばあい、「本夫ハ布哇《ハワイ》国ニ出稼中」に夫以外の農業の男（三〇歳）とのあいだで妊娠したためであった。

それでは、「姦通」による妊娠と堕胎を行なった妻がいたいっぽうで、夫の出稼の現実はどのようなものであったろう。たとえば、ハワイへの出稼では、多くは製糖業などの企業経営の農園に雇用されて、農業労働者となっていた。この時期の海外への移民・出稼についてのルポルタージュを残した横山源之助によると、ハワイ諸島の日本人は、「二十人乃至《ないし》三十人組を作り、協同して、雇主より受負契約を以て、耕作に従事してゐる」。そして「精糖耕作の外に、珈琲《コーヒー》耕作もあり、野菜の耕作もあり」、「布哇の農業は、日本人の農業といつて」よいほどであったという〔横山　一九〇四〕。

このように、生活の可能性を求めて、夫が海外へ出稼に出ていた出稼期間中に、妻の「姦通」があり、その結果として堕胎が行なわれることがあった。しかし、出稼に出た夫にとって、それはかならずしも順調ではなかった。たとえば、これらよりやや前の時期のものであるが、民俗学者宮本常一の父による、一八九四年（明治二七）山口県大島郡からの出稼体験は凄惨であった。そのころ山口県大島郡からは三〇〇〇人をこえる人たちがハワイへ出稼にいった。それに影響を受け、困窮した生活をよぎなくされていた宮本の父は、二五〇人の仲間とともにフィジーへ出稼にいった。しかし、「出稼者の多くは風土病のために相ついで倒れ一年もたたぬうちに引きあげることになり」、神戸へ戻ってきた。戻ることができたのは約半数の一一五人であった〔宮本 一九七八〕。

生活のために長期間におよぶ夫の出稼と不在、それが「姦通」とそれによる妊娠、そして、堕胎の原因となっていたわけである。

家の圧力による堕胎

夫婦間の妊娠による堕胎には、こうした経済的理由によるものだけではなく、家のなかで出産を否定され堕胎をせざるを得なくなるばあいもあった。先妻の子供がすでにあり、後妻であった女が妊娠したばあい、家の継承を考慮してのことであろう、堕胎を行なうことがあった。

一九一二年（大正二）一〇月岡山県赤磐《あかいわ》郡で堕胎（妊娠九ヵ月）を行なった農業の女（二九歳）は、「夫ハ五拾歳ニモナル老人」であり、しかも、「先妻ノ子（二十三歳ノ男子ト十四歳ノ女子）」があるので「是等ノ手前ヲ憚《はばか》リ」堕胎を行なった。一九一三年（大正二）一〇月福島県耶麻《やま》郡で堕胎（妊娠五ヵ月）を行なった農業の女（二六歳）は「異母ノ小供ガ二人」あり子供を生むと「家庭不円満ノ虞《おそれ》」があるためであった。また、夫から堕胎を強要されたばあいもあった。一九一六年（大正五）九月岩手県気仙《けせん》郡で堕胎（妊娠八ヵ月）を行なった女（三一歳・職業不明）は、「既ニ先妻ノ子（二十歳）アリ」「今復《ま》タ分娩シテハ後ニ至リ家庭ニ不和ノ起ル虞」があるといって、農業の夫（五三歳）から「脅威セラレ」て堕胎を行なっている。

離婚のための堕胎も、家の犠牲であるといってよいだろう。たとえば、一九〇二年（明治三五）九月福井県三方《みかた》郡で堕胎（妊娠四ヵ月）を行なった農業の女（二四歳）は「自分ハ病身ナルニ姑ガ余リ沢山仕事ヲサスル」ので「実家ニ帰リ度クナリシモ妊娠デ困ルト思ヒ」堕胎におよんでいる。これなどは、姑との関係による女の堕胎であった。また、一九一一年（明治四四）一二月栃木県足利《あしかが》郡で堕胎（妊娠四ヵ月）を行なった農業の女（二四歳）は、「家内不和合」のため「生家ニ復帰スル」つまりは離婚する予定であるが、「懐胎中ニテハ不都合」であるために堕胎を行なっている。

これら事例はいずれも農家であるが、階層は不明である。また、このわずかな資料だけからでは、いわゆる家制度、民法などによる戸主主導の制度が、堕胎の原因であるかどうかを確定することはできない。しかしすくなくとも、家という経営・生活単位のなかで、やむなく堕胎を行なうばあいがあったことを確認することはできる。

夫婦間の妊娠による堕胎は、これまでみたような、その経済的理由によるものと、家の組織的理由によるものと、こうした二つのパターンが主なものであった。ただ、いずれにせよ、積極的な家族計画をしようとしていたのではなく、堕胎を行なわなければならない生活の現実に直面させられた上でのことであった。

日露戦争と堕胎

これまで、堕胎を行なった女の現実、堕胎を行なった理由について、大多数を占める独身者のばあいと少数ではあるが存在していた既婚者のばあいと、それぞれについて、整理を行なってみたが、ここでは、独身者と既婚者とを問わず、戦争が原因となり堕胎を行なっている事例を紹介しておこう。

男が日露戦争（一九〇四年二月〜一九〇五年九月）に従軍させられたため、堕胎を余儀なくされた事例は多い。まずは、夫婦間のものではない堕胎の事例である。一九〇四年（明治三七）五月愛知県海東《かいとう》郡で堕胎（妊娠三ヵ月）を行なった農業の女（一八歳）は「情夫出征ノ為産児ノ処置ニ窮シ」堕胎におよんでいた（男の年齢・職業不明）。同年七月福井県大《おお》飯《い》郡で堕胎（妊娠七ヵ月）を行なった農業兼奉公人の女（二三歳）も男（年齢・職業不明）が「出征中」で「養育難」のためであった。また、同年一〇月同県大飯郡で堕胎（妊娠五ヵ月）を行なった女（二三歳）も男（年齢・職業不明）が「出征中」で「養育不能」のためであった。

いまだ男が従軍していないものの、従軍させられることを予測しての堕胎もあった。一九〇四年（明治三七）五月福井県遠敷《おにゅう》郡で堕胎（妊娠三ヵ月）を行なった「日稼」の女（二四歳）は「養育不能」「情夫ハ何時征露ニ出発スルヤ計ラレズ」、そして、「自分ハ奉公人」であるために堕胎におよんでいた。

夫が日露戦争に従軍している既婚女のばあいは、経済的理由が前面に出ている。一九〇四年（明治三七）五月千葉県市原郡で堕胎（妊娠五ヵ月）を行なった農業の女（三二歳）は、夫（年齢・職業不明）が「入営シ生計困難」であるためであった。また、翌一九〇五年（明治三八）五月同県印旛《いんば》郡で堕胎（妊娠八ヵ月）を行なった農業の女（二三歳）は、「産婆ニ診テ貰ツタラ逆児デ七分通リハ育ツマイト云ハレ」、かつ、「滑ツテコロビ是レガ為ニ体ガ苦シクテ困リ」、しかも、「農モ忙シクナルニ夫（年齢・職業不明）ハ出征シテ不在」であるために、堕胎におよんだという。

こうした、日露戦争が原因であった堕胎を、それを戦時下特有の現象とみるか、それとも、恒常的あるいは潜在的な生活の現実を、戦争が顕在化したにすぎないとみるか、判断はむずかしい。ただ、すくなくとも、戦争がふつうの日常生活の破壊であったために、こうした堕胎が行なわれたと考えることはできるであろう。

堕胎手術の社会伝承史

堕胎手術常習者たち

これまで、堕胎を行なった女たちの存在を、資本主義的また前資本主義的生産関係のなかに回復してみたので、次は、岡本梁松の「本邦ニ於ケル堕胎ニ関スル統計的調査ノ一斑」によって、堕胎に直面した彼女たちだけではなく、彼女たちの周囲の人々、堕胎手術者、また、あいかたの男たちの状態をもみることにより、一九〇〇年代から一九一〇年代にかけての堕胎の歴史的また社会的意味を明らかにしてみよう。

「コノ地方ニテハ平気ニテ堕胎スル習慣アルガ如シ」

堕胎を行なった女のあいかたの男をみていると、「情夫」が数名いるので男を特定することが不可能である、とされるばあいがある。たとえば、次のような事例である。

一九〇三年（明治三六）四月徳島県板野《いたの》郡で堕胎（妊娠月数不明）を行なった農業の女

（二一歳）は「情夫数名アリ」、あいかたの男が誰であるか「不明」であった。ところが、「懐胎後結婚シ」、夫の「苦情」に堪えることができず、農業の女（六三歳）の手術をうけた。堕胎の方法は、「エノコロト云フ草根長サ約三寸位」を尖らせて「陰部ニ挿入」するというものであり、三日半後に胎児を出産した。堕胎罪による刑期は、男は「不明」、女が懲役一ヵ月、手術者も懲役一ヵ月であった。

このような「情夫」が数名あるという事例をもう一例みてみよう。

一九〇七年（明治四〇）六月福岡県山門《やまと》郡で堕胎（妊娠六ヵ月）を行なった農業の女（一九歳）は、「情夫四名アリテ誰ノ子ナリヤ不詳」であった。そのために、「産児ノ処置ニ窮シ」、「無免許産婆」（六〇歳）の手術をうけた。堕胎の方法は、「生『ツワ』ノ茎ヲ大概二―三寸位」に切り、指ではさんで「子宮内ニ差入レ」るというものであり、六日半後の夜に胎児を出産した。堕胎罪の刑期は、女は不明、手術者は懲役四ヵ月であった。

この事件は、さらに次のような、手術者の「無免許産婆」の供述が続く。

「最近ノ五年間ニハ沢山堕胎セシメタルモ住所姓名ヲ一々尋ネテハ居リマセンカラ幾人ニ施術セルカ分リマセン」。

「手術用ノ為私方椽先《えんさき》（ママ）ニハ『ツワ』ヲ常ニ植ヘテ居リマス」「其茎ヲ手術ノ際使用シマス」。

この事件の堕胎手術者の「無免許産婆」は、これまで五年間に多くの堕胎を行ない、その堕胎に使うための「ツワ」（つわぶき）を自宅に植えていた。しかし、この「無免許産婆」には前科はなかった。

こうした現実は、この地域では、堕胎および堕胎手術者が常習的であったことを示している。また、堕胎手術を行なったこの「無免許産婆」が前科〇犯であったことは、堕胎が堕胎罪に問われ摘発されることは、その全体数のなかではむしろまれであったのではないか、ということを推測させてくれる。

同じ年、一九〇七年（明治四〇）七月、同じ福岡県山門郡で、前科一犯（堕胎罪）の産婆（七一歳）により、「ツワ」を「陰門」に挿入するという同じ方法で堕胎（妊娠六ヵ月）を行なった農業の女（一八歳）がいた。この堕胎事件には、次のような「備考」が附記されている。

「コノ地方ニテハ平気ニテ堕胎スル習慣アルガ如シ」。

すでに日露戦争（一九〇四―〇五）が終わったこの時期でさえ、地域社会のひとつの「習慣」、社会伝承的な民俗事象とでもいうべく、堕胎が存在していたのである。

こうした「習慣」とでもいうべき堕胎の現実を、それを行なった手術者の状況から確認してみることにしよう。
堕胎手術者には、およそ五パターンがあった。

手術常習者

①──産婆

第一には、産婆が堕胎手術を行なっているばあいである。ほんらい産婆は、胎児を生むための介助者であるが、ここではそうではなく、堕胎手術者として登場してきている。岡本の「本邦ニ於ケル堕胎ニ関スル統計的調査ノ一斑」にまとめられた全三二〇件のなかで、「産婆」が手術者となっている事件が三四件あり、そのほかに、「元産婆」が二件、「旧産婆」が五件、「素人産婆《しろうと》」が一件、さらに、さきにみた事例の手術者のような「無免許産婆」が九件ある。これらを合わせると合計五一件（一五・九％）が、「産婆規則」によって認可された「産婆」、または、「産婆規則」では無認可の「元産婆」「旧産婆」「素人産婆」「無免許産婆」による堕胎手術であったことになる。

一八九九年（明治三二）七月一八日勅令第三四五号として「産婆規則」が公布され（施行は同年一〇月一日）、それまでの「医制」によって各地方官（道府県）にまかされていた産婆法規にかわり、日本の近代国家においてはじめての統一的な産婆法規が制定された。そこでは、「産婆試験ニ合格シ年齢満二十歳以上ノ女子ニシテ産婆名簿ニ登録ヲ受ケタル者ニ非《あら》サレハ産婆ノ業ヲ営ムコトヲ得ス」（第一条）、「一箇年以上ノ産婆ノ学術ヲ修業シタル者ニ非サレハ産婆試験ヲ受クルコトヲ得ス」（第三条）とされ、近代的な産科の知識を習得した者のみが、産婆としての営業を許可されることになった。しかし、この「産婆規則」には、抜け道があった。「本令施行以前内務省又ハ地方庁ヨリ産婆ノ免状又ハ鑑札ヲ受ケ現ニ其ノ業ヲ営ム者ハ本令施行後六箇月以内ニ地方長官ニ願出テ産婆名簿ニ登録ヲ受クルコトヲ得」（第一八条）、「地方長官ハ産婆ニ乏シキ地ニ限リ当分ノ内出願者ノ履歴ニ依リ業務ノ地域及五箇年以内ノ期限ヲ定メ産婆ノ業ヲ免許スルコトヲ得」（第一九条）とされ、「産婆試験」に合格していなくとも、それまで産婆をしてきた者には、産婆営業の鑑札が許可されるしくみになっていた。

一八九九年（明治三二）「産婆規則」が制定され、西洋医学の知識を持つ助産婦としての近代産婆が登場する起点が作られたとはいえ、いまだ、従来の産婆が存続する余地が残されたのである。岡本の「本邦ニ於ケル堕胎ニ関スル統計的調査ノ一斑」は、一九〇〇年前後から一九一〇年代にかけての堕胎罪事件裁判資料であるので、この「産婆規則」制定後の産婆の現実を示すものであるが、そこに記された堕胎手術者としての産婆のほとんどは、こうした従来からの産婆が、無試験で産婆営業の鑑札を受けた者であったと考えてよいであろう。たとえば、堕胎手術者となった三四件の産婆の年齢層をみても、四〇歳以下が二人、四一歳～五〇歳が六人、五一歳～六〇歳が九人、六一歳～七〇歳が一二人、七一歳～

八〇歳が四人、八一歳以上が一人である。堕胎手術を行なった産婆の年齢層は、五〇歳代から六〇歳代の女がもっとも多かった。「産婆試験」に合格することのできた新産婆とは異なる、社会伝承的存在としての産婆がいまだ多数であり、彼女らが堕胎手術常習者として残存していたのである。

そのためであろう、堕胎手術者としての産婆について、彼女が堕胎手術常習者であることを示す但し書きがつけられていることもある。

「有名ナル堕シ婆」

たとえば、一九〇〇年（明治三三）三月京都府久世《くぜ》郡で堕胎手術を行ない懲役二ヵ月の判決を受けた産婆（三三歳）は、前科〇犯でありながら、「有名ナル堕《おろ》シ婆」であった。同年八月奈良県磯城《しき》郡で堕胎手術を行ない懲役一ヵ月一〇日の判決を受けた産婆（五六歳）も、前科〇犯でありながら、「品行不良ニシテ堕胎施術ノ風評」ある者であった。また、一九〇二年（明治三五）一〇月山口県都濃《つの》郡で堕胎手術を行ない懲役一ヵ月一五日の判決を受けた産婆（六二歳）も、前科〇犯でありながら、「堕シ婆トテ評判者」であり、同年一月愛媛県東宇和郡で堕胎手術を行ない懲役一ヵ月一五日の判決を受けた産婆（六一歳）も、前科〇犯でありながら、「有名ナル堕シ婆」であった。

彼女たちは、経歴的には前科のない産婆であった。しかし、彼女たちが生活する地域社会のなかでは、堕胎手術常習者として知られていた。もう一例だけみてみよう。一九〇七年（明治四〇）熊本県鹿本郡《かもと》で堕胎手術に失敗し、農業の娘（二〇歳）を死なせ、堕胎致死に問われ、懲役八ヵ月の判決を受けた産婆（八七歳）は、前科〇犯であった。しかし、「実際ハ数多《あまた》ノ犯行アリ唯法網ヲクグリ居ルノミト風評アルモノ」であった。

もちろん、堕胎罪による前科を持つ産婆もいる。「産婆」が堕胎手術者になっている三四件のうちで、前科二犯（堕胎罪）が二人、前科一犯（堕胎罪）が六人、前科一犯（賭博）が一人、前科三犯（罪名不詳）が一人あり、そのほかに、前科六犯（堕胎罪）の「旧産婆」が一人、前科三犯（「産婆規則」違犯二、堕胎罪一）の「旧産婆」が一人、前科二犯（堕胎罪）の「旧産婆」が一人、前科二犯（堕胎罪）の「無免許産婆」が一人、前科一犯（堕胎罪）の「無免許産婆」が二人いる。また、一九〇二年（明治三五）六月福井県三方郡で堕胎手術を行ない、懲役五ヵ月の判決を受けた前科三犯（堕胎罪）の「旧産婆」（七二歳）は、「有名ナル堕シ婆」であった。

しかし、このような、産婆および無認可産婆の堕胎手術が発覚し、堕胎罪などによって検挙されることは、かならずしも多くなかったのではないか。前科〇犯でありながらも、堕胎手術常習者として知られていた産婆が存在していたことが、それを物語るであろう。

産婆と熟練の素人とのあいだ

一八九九年（明治三二）の「産婆規則」は西洋医学を習得した新産婆を普及させるきっかけであった。しかし「産婆規則」は、従来からの社会伝承的な産婆を存続させてもいた。従来の産婆から新産婆への過渡期が、一九〇〇年前後から一九一〇年代にかけて、あるいは、地域によっては一九二〇年代以降も続くと推測することができる。こうしたなかで、岡本の「本邦ニ於ケル堕胎ニ関スル統計的調査ノ一斑」では、いちおうは産婆と呼ばれているものの、「無免許産婆」「元産婆」については、「無免許」「元」であるがためであろう、他のなんらかの職業が記載されている（「産婆」とのみ記されたものは「産婆規則」によっているためであろうか他の職業についての記載はない）。従来からの産婆はかならずしも専業ではなく、他に職業を持つ片手間にそれを行なっていた可能性が高いともいえる。

たとえば、一九〇〇年（明治三三）九月奈良県宇智《うち》郡で堕胎手術を行ない、懲役三ヵ月の判決を受けた前科〇犯の「無免許産婆」（四九歳）は、「日稼」でもあった。一九〇二年（明治三五）七月愛媛県伊予郡で堕胎手術を行ない、懲役二ヵ月の判決を受けた前科〇犯の「元産婆」（七四歳）は、「商《あきない》」が職業とされている。また、一九〇七年（明治四〇）五月熊本県葦北《あしきた》郡で堕胎手術を行ない、堕胎致死に問われた「無免許産婆」（七六歳）は、「農」が職業とされ、同年四月同県上益城《かみましき》郡で堕胎手術を行ない、堕胎致死に問われた

「無免許産婆」（五五歳）は、「日雇業」であった。一九〇九年（明治四二）一〇月同県菊池郡で堕胎手術を行なった「無免許産婆」（七七歳）も「酒小売商」であった。

「無免許産婆」「元産婆」は、同時に、「日稼」「商」「農」「日雇業」「酒小売商」でもある、高齢の女たちであった。素人の熟練者が産婆になっていたといってもよいかもしれない。また、農業以外の者が堕胎手術を行なっている事例が多いので、地域の雑業層の女たち、社会経済的には下層に位置すると考えられる女たち、なかでも、そのうちの熟練者が堕胎手術を行なうようになっていたと考えることもできるであろう。

手術常習者②──農民と地域の雑業層

堕胎手術者の第二のパターンは、熟練の素人とでもいうべき女たちの存在である。岡本の「本邦ニ於ケル堕胎ニ関スル統計的調査ノ一斑」にまとめられた全三二〇件には、いまみた産婆やあとでみる鍼《しん》灸《きゅう》師・按摩などいちおうの専門家以外に、ふつうの素人女が堕胎手術者になっていた事例が非常に多い。全三二〇件のうち、その職業が「農」であるばあいが四一人、「農兼露店業」が一人、「農兼割烹業」が一人、「農（日雇婦）」が一人、「農（手間取稼女）」が一人あり、合計すると四五人（一四・一％。うち五人は男）にのぼり、農民の女が堕胎手術者となっている事例が産婆とほぼ同数にのぼっている。

また、こうした素人女のばあい、農民ではなく、地域の雑業層とでもいうべき多様な女たちが堕胎手術者となっている事例も多い。全三二〇件のうち、堕胎手術者としてもっとも目につくのが「日稼」の一八人と「日雇稼」の四人であり、堕胎を行なった女に「日稼」「日雇」「雇人」が多かったことと同様であった。ほかには、「小間物行商婦」が五人、「雑業」が四人、「布織職」が三人、「大工ノ妻」「笠製造」「草履《ぞうり》製造婦」「魚（行）商」が各二人あり、「機織」「裁縫業」「織物賃仕事業」「木綿賃織・産婆助手」「菓子小売商」「古物商」「鋳掛《いかけ》職」「雇入口入兼棒手振《ぼてふり》等」「下駄製造婦」「炭坑稼婦」「畳職」「蓆《むしろ》製造」「醤油製造業」「飲食店業」「飲食店営業婦」「割烹業」「物品販売」「漁業」「農兼露店業」「農兼割烹業」「荷車挽《ひき》ノ妻」「寺僧ノ妻」が各一人であり、「無職」が一二人いる。なお、わずかであるが、雑業層のうちで、男が堕胎手術者になっている事例もあり、「日稼・鳶《とび》職」の男三人、「水車業」の男が一人、「養蚕業」の男が一人、「木賃宿《きちんやど》・売薬商」の男が一人ある。

これら地域の雑業層の素人女が堕胎手術者となっている事例を合計すると八二人（二五・六%。うち六人は男）にのぼり、産婆（五一人）や農民（四五人。うち五人は男）を上まわっている。この雑業層の女たちは、その職種から推定して、社会経済的には下層に位置する女たちであったと思われるが、産婆よりも、こうした雑業層の女たちや農民によって、堕胎手術が行なわれることが多かったわけである。

さらに、こうした雑業層の女たちや農民の実態をみてみよう。

まずは堕胎手術者となった農民の女の年齢層についてである。四〇歳以下が五人、四一歳～五〇歳が九人、五一歳～六〇歳が一三人、六一歳～七〇歳が一二人、七一歳～八〇歳が五人、年齢不明が一人である（男を含めた年齢別集計）。さきにみた産婆と同様にして五〇歳代から六〇歳代がもっとも多い。雑業層の女たちの年齢層については、四〇歳以下が一二人、四一歳～五〇歳が一九人、五一歳～六〇歳が一五人、六一歳～七〇歳が一八人、七一歳～八〇歳が一三人、八一歳以上が一人、年齢不明が四人である（男を含めた年齢別集計）。雑業層の女たちについても、五〇歳代から六〇歳を中心に、四〇歳代および七〇歳代にまでおよんでいる。堕胎手術者は、産婆にせよ、農民や雑業層の女にせよ、五〇歳代から六〇歳代が中心であった。

このような、堕胎手術者の年齢から判断すれば、一八九九年（明治三二）に公布された「産婆規則」により営業を許可された産婆と、素人の農民や雑業層の女たちとのあいだには、大きな差異はなかったと考えることができるのではないか。そのためであろう、この農民や雑業層の女たちについても、産婆と同様にして、堕胎手術常習者であることを示す但し書きがつけられていることがある。

「実際ハ常習犯」

たとえば、一九〇二年（明治三五）二月京都府加佐《かさ》郡で堕胎手術を行なった農業の女

七年（明治四〇）一一月同じく京都府南桑田郡《みなみくわだ》で堕胎手術を行なった農業の女（六〇歳。刑期不明）も、前科〇犯でありながら、「有名ナル堕《おろ》シ婆」であった。また、一九〇五年（明治三八）八月熊本県阿蘇郡で堕胎手術を行なった農業の女（四九歳。刑期不明）も、前科〇犯でありながら、「貧ニシテ堕シ婆ノ世評」があり、一九一三年（大正二）八月福島県耶麻郡で堕胎手術を行ない懲役四ヵ月（執行猶予三年）の判決を受けた農業の女（四一歳）も、前科〇犯でありながら、「堕胎常習犯ノ風評」ある者であった。

取り調べに際して、余罪を自白した者もいる。一九〇三年（明治三六）四月徳島県板野郡で堕胎を行ない懲役一ヵ月の判決を受けた農業の女（六三歳）は、前科〇犯でありながら、「実際四、五犯アリト自白」したという。また、一九〇八年（明治四一）四月福岡県三池郡《みいけ》で堕胎手術を行なった「大工ノ妻」（五一歳）は、前科一犯（堕胎罪）でありながら、「此《こ》ノ他今回モ六名ノ姙婦ニ堕胎術ヲ施シ」そのほかにも「多数同種犯罪アルトノ風評」ある者であった。

手術常習者の供述

このような堕胎手術常習者の現実をもうすこしみてみよう。

一九一四年（大正三）一一月宮城県名取郡で農業の女（三一歳）の堕胎手術（妊娠三ヵ月）を行ない、堕胎罪で懲役一年の判決を受けた農業の女（五一歳）

表1　堕胎手術常習者の供述①

	犯　罪　年　月	妊娠月数	「謝礼」	備　　考
1	約10年前	(不明)		本人自身を手術
2	1910年(明治43)？月	5ヵ月	3円	
3	1912年(大正1)？月	6ヵ月	前掛1本	
4	1912年(〃 1)？月	5ヵ月	紺木綿1反	
5	1912年(〃 1)？月	6ヵ月	50銭	
6	1913年(〃 2)3月	5ヵ月	50銭	
7	1914年(〃 3)6月	5ヵ月	4円	
8	1914年(〃 3)旧8月	(不明)	木綿半反	堕胎致死
9	1914年(〃 3)10月	4ヵ月	1円	
10	1914年(〃 3)10月	4ヵ月	3円	
11	1914年(〃 3)12月	5ヵ月	2円	
12	1914年(〃 3)12月	5ヵ月	1円	
13	1915年(〃 4)旧1月	6ヵ月	40銭	堕胎致死
14	1915年(〃 4)4月	3ヵ月	50銭	
15	1915年(〃 4)4月	3ヵ月	白米3升	

＊岡松梁松「本邦ニ於ケル堕胎ニ関スル統計的調査ノ一斑　第二回報告其三」（『京都医学雑誌』第26巻第10号，1929年10月）p. 875所収の表から作成.

は、前科一犯（堕胎罪）の犯罪歴であった。しかしそのほかに、表1のような、合計一五件の堕胎を供述している。本人自身の堕胎手術を行なった一件を除いても、一九一〇年（明治四三）から一九一五年（大正四）までの六年間に一四人、一年平均で二・三人の堕胎手術を行なっている。

そして、この農業の女は、これらの堕胎手術方法について、「手術ハ皆同一方法デ」「桑ノ木ノ極メテ細キ枝ヲ長サ二寸五分位ニ切リテ皮付ノマヽ、子宮ノ中ニ差込デ胎児ノ堕ルマ

表2　堕胎手術常習者の供述②

	犯罪年月	妊娠月数	「謝礼」
1	1908年(明治41)旧5月	5ヵ月	1円
2	1911年(〃 44)秋	5ヵ月	2円
3	1911年(〃 44)旧12月	5ヵ月	1円50銭
4	1911年(〃 44)旧12月	5ヵ月	糯米6升
5	1912年(〃 45)旧1月	5ヵ月	糯米5升
6	1912年(〃 45)旧3月	4ヵ月	3円
7	1912年(大正1)秋	5ヵ月	1円・木綿1反
8	1913年(〃 2)旧6月	4ヵ月	1円
9	1913年(〃 2)旧7月	5ヵ月	1円
10	1914年(〃 3)旧5月	5ヵ月	(不明)

＊岡松梁松「本邦ニ於ケル堕胎ニ関スル統計的調査ノ一斑　第二回報告其三」(『京都医学雑誌』第26巻第10号，1929年10月) p. 876所収の表から作成.

デ其儘《そのまま》ニシテ置クノデアリマス」と述べている。

また、一九一四年(大正三)六月山形県最上《もがみ》郡で堕胎罪で執行猶予の判決を受けた「農(日雇婦)」(三七歳)も、前科〇犯であったが、表2のような、合計一〇件の堕胎を供述している。一九〇八年(明治四一)から一九一四年(大正三)までの七年間に一〇人、一年平均で一・四人の堕胎手術を行なっている。

このような堕胎手術常習者の現実をみると、摘発されたのは氷山の一角にすぎず、すくなくとも、一九〇〇年代から一九一〇年代にかけては、雑業層や農民の女たちによって、あるいは、産婆によって、堕胎手術が地域社会の裏面に確実に存在していたと考えなければならない。

このような、岡本の「本邦ニ於ケル堕胎ニ関スル統計的調査ノ一斑」からわかる堕胎手術常習者の存在について、それを異なる資料から確認しておこう。

新聞記事にあらわれた手術常習者

静岡県の地方紙『静岡民友新聞』一九一一年（明治四四）五月七日第三面に「堕胎商売の女、投身して死す」という記事が掲載された。同年五月五日静岡県浜名郡で盲目の鍼灸《しんきゅう》師の女（三二歳）が入水自死をした。この女は前年七月同郡の女（一八歳）の堕胎手術を行ない、それにより浜松署に拘引され取り調べられている最中であった。その取り調べのなかで、この鍼灸師の女は、四年前の一件、同年の一件を自供し、さらに、「其の他にも数は沢山にて覚え切れざるが妾《わたし》のやうな商売をして居る者は外にもあり」と述べていたという。そして、そこで名前のあげられた堕胎手術常習者の女（七五歳）も浜松署から取り調べをうけ、「年に二人や三人は必ず堕胎せしめ」、最近では、前年四月二三日に同郡の女（二二歳）の堕胎手術をしたと供述を行なったというものであった。

また、この『静岡民友新聞』一九一四年（大正三）六月二二日第三面に「堕胎の嫌疑無免許産婆調査中」という記事が掲載された。静岡県志太《しだ》郡の「無免許産婆」（五一歳）が、同年五月中旬ごろ近隣の女（四四歳）の堕胎手術（妊娠月数不明）を行なったが失敗し、五月二七日この女を死亡させたというものであった。しかし、この「無免許産婆」の堕胎手術はそれだけではなかった。翌々日六月二四日第三面の「堕胎十数犯　鬼の様な産婆」によれば、この「無免許産婆」は、この死亡事件を含め合計一〇人の女に対して堕胎手術を行ない、そのために、「自宅裏に犯罪用のため鬼灯《ほおずき》を培養」していたというのである。

これら新聞記事についても、たまたま摘発された事件から、堕胎および堕胎手術者の常習性が明るみに出されただけのことであった。逆に、そうであるがゆえに、地域社会に常習的な堕胎および堕胎手術者が根を張っていたと考えることができる。あるいは、こうした堕胎手術常習者を存続させていく社会的条件が、いまだ地域社会には残存していたと考えなければならない。

社会伝承的手術方法と地域ネットワーク

それでは、産婆、農民・雑業層の女たちは、どのようにして堕胎手術方法を習得していたのであろう。

一九一七年（大正六）五月宮城県登米《とめ》郡で、「旅館被雇人」（一九歳）に対して「酸漿《ほおずき》ノ根ヲ児ガ出ル迄陰部ニ挿入シテ置」く堕胎手術（妊娠五ヵ月）を行なった「縫物賃仕事業」（七一歳）の女は、それについて、次のような供述を行なっている。

「女共ガ寄ルト能ク話シタモノデス」

「私共ノ若イ時代ニハ子供ヲ落《おろ》ス事ハ何ントモ思ヒマセンデ女共ガ寄ルト能《よ》ク話シタモノデス夫《そ》レデ知ツテ居タ様ノモノデス」。

この堕胎手術を行なった女の若年期には、堕胎が裏面に隠されていたのではなく、ふつうの会話のなかに登場していたというのであった。

また、一九一四年（大正三）一二月秋田県河辺《かわべ》郡で、「日雇稼」（一九歳）の女に対して、「長サ三寸許《ばか》リ食指太（或ハ箸太）ノ竹ニ麻糸ヲ結付ケタルモノニ袋海苔《ふくろのり》ヲ溶シタルモノヲ付ケ之レヲ子宮内ニ挿入スル」堕胎手術（妊娠六ヵ月）を行なった「農（手間取稼女）」（六一歳）も、それについて次のような供述を行なっている。

「昔ハ小供ガ余リ沢山居ルト云フト一人ヤ二人ハ下シテモ神様ハ罰ヲ当テンモノダト云フ事デ随分腹ノ中ノ小供ヲ下シタモノデアリマス」。

この堕胎手術を行なった女の子供時代にも、堕胎が常習的であったというのである。そしてさらに、この女は、こうした堕胎手術方法について、それを子供時代に母親から聞いていたとして、次のように述べている。

「私ハ幼少ノ時ニ母カラ腹ニ這入《はい》ツテ居ル子供ヲ下スニハ三寸許リノ長サデ太サ人差指位ノ竹ニ麻糸ヲ付ケテソレヲ子宮内ニ奥深ク入レテ置ケバ自然ニ子供ガ下リルモノダト云フコトヲ聞テ居リマス」。

子宮内に異物を挿入することにより堕胎させる技術を、この女は母親から伝承していたことになる。

手術方法の伝承形態

堕胎手術方法の伝承について、もうすこしみてみよう。

一九〇六年（明治三九）一一月愛媛県温泉郡で、農業の女（四五歳）に対して、「ボンゴト云フ草ノ幹ヲ三寸程姙婦ノ陰部ヨリ子宮ニ入レ」、堕胎手術（妊娠三ヵ月）を行なった「無職」の女（五六歳）は、この方法を、「今ヨリ二十年程前三津浜町ニテ氏名不詳ノ老婆」から教えられたと供述している。また、一九一三年（大正二）八月福島県耶麻《やま》郡で、「製糸工女」（二一歳）に対して、「長サ三寸位ノ『ホウヅキ』ノ根ヲ紙デ巻キ一端ニ糸ヲ附ケ之ヲ子宮内ニ挿込ミ」、堕胎手術（妊娠四ヵ月）を行なった農業の女（四一歳）は、「コノ法ハ或ル尼カラ教ヘラレマシタ」と供述している。そしてさらに、みずからに対しても、この方法で堕胎手術を行なったことがあるとして、「私ハ此方法デ自分ノ体ニ堕胎シタコトガアリマス」という。

堕胎それじたいが、完全に隠蔽されるのではなく、地域社会に浸透しているために、その手術方法を知る者から教えられ、あるいは、自然に、習得した女たちが、いまだ多く存在していたのが、一九〇〇年代から一九一〇年代にかけてであった。

一八九九年（明治三二）に「産婆規則」が公布され施行されたとはいえ、一九〇〇年代から一九一〇年代は、地域社会のなかに、「産婆規則」によって営業を許可された産婆だけではなく、農民や雑業層の女たちのなかにいまだ堕胎手術常習者がいた。社会伝承的な堕胎手術方法を身につけていた彼女らにとって、従来からの産婆を認める「産婆規則」第一八条・第一九条にのっとり「地方長官」に産婆の鑑札を申請した者が産婆として営業を許可され、申請をしなかった者が農民や雑業層の女たちとして記録されているにすぎないと考えてもよいかもしれない。「産婆規則」によって、西洋医学的な出産介助が地域社会に浸透する起点が作られたとはいえ、それがすぐに一般化したのではなく、そうなるまでの移行期の現象、社会伝承的性格の強い堕胎を存続させていたのが、一九〇〇年代から一九一〇年代にかけてであった。

手術常習者③――鍼灸師・按摩

これまでみてきた堕胎手術者、産婆、農民や雑業層の者のほとんどは女であった。それに対して、同じように、社会伝承的性格が強く、常習者が多いと推測されるものの、堕胎手術者が男であるばあいがあった。それが堕胎手術者の第三のパターン、鍼灸師・按摩が堕胎手術者になっているばあいである。

岡本の「本邦ニ於ケル堕胎ニ関スル統計的調査ノ一斑」にまとめられた全三二〇件のうち、「按摩」「按摩業」が二一人（うち一人は女）、「鍼灸術」「鍼治《しんじ》業」「鍼灸治」が二五人（うち二人は女）、「鍼灸按摩業」が一人、「揉《も》ミ療治業」が一人、「薬種商」が一人、「按摩・鍼治・売薬」が一人、「売薬業」が一人、「鍼灸兼売薬商」が一人おり、これらを合計すると五二人（一六・三％。うち三人は女）にのぼる（「盲目」である者も多い）。彼らは、これまでみてきた産婆、農民や雑業層の女たちに比べて、人間の身体についての知識を持っていたと思われるが、むしろ、それを利用した堕胎手術者であった。

こうした男たちのなかにも、常習者がいる。たとえば、一九〇四年（明治三七）四月千葉県市原郡で堕胎手術を行ない懲役五ヵ月の判決を受けた「揉ミ療治業」の男（五六歳）は、前科一犯にすぎなかったが、「堕胎ヲ本業トスル風聞」がある者だった。また、一九〇七年（明治四〇）五月新潟県中蒲原《なかかんばら》郡で堕胎手術を行なった「薬種商」の男（三四歳）は、前科〇犯であったが、実際は「堕胎施術者トシテ近所ノ評判者」であった。前科〇犯でありながら、みずからが堕胎手術常習者であることを示す、次のような供述を行なった按摩もいる。

一九一一年（明治四四）四月岡山県浅口《あさくち》郡で堕胎手術を行ない懲役八ヵ月の判決を受けた「盲目」の「按摩業」（六四歳）の男は、前科〇犯であったが、その供述によれば、「婦女ノ嘱託ヲ受ケ七、八年以来堕胎ヲ致シテ」いる堕胎手術常習者であった。

「私ノ堕胎ヲスルコトヲ覚ヘテ以来婦女ノ嘱託ヲ受ケテ大凡《おおよそ》五〇人位ニ手術ヲ致シ居リマス」。

この供述をそのまま受け取り、仮に、この男が八年間に五〇人の堕胎手術を行なったとすると、一年平均では六・三人であった。

さらに、この男は、堕胎手術常習者の地点から見える世相を次のように供述する。

「昨年以降ハ米価騰貴ノ影響ヲ受ケタモノカ余程増加シテ居ル様ニ思ハレマス私ハ手術料ハ其人《そのひと》ニヨリ一定セザルモ一度ニ付金弐円位ニ定メテ居ルモ中ニハ難儀ナ者ニテ安クシテ呉レト頼マル、人ニハ壱円又ハ壱円五拾銭位ノモアリマス」。

これは、あくまでこの男の視点からの主観にすぎないが、一九一〇年（明治四三）から翌一九一一年（明治四四）にかけて、岡山県の一地域では、経済的理由によって堕胎手術を受ける女が増加しているというのであった。

「堕胎スルカラ注意セヨ」

そして、鍼灸師・按摩についても、単に彼らが堕胎手術常習者であっただけではなく、その堕胎手術方法が伝承されていた可能性がある。

たとえば、一九〇九年（明治四二）七月福岡県三池郡で農業の女（二二歳）の堕胎手術（妊娠四ヵ月）を行なった「鍼灸治」の男（四七歳。刑期不明）は、「私ハ鍼治ノ師匠ヨリ妊婦ノ下腹部ニ針ヲ打ツ時ハ堕胎スルカラ注意セヨト云ハレ」ていたと供述しており、また、一九一二年（明治四五）七月福島県安積《あさか》郡で農業の女（三〇歳）の堕胎手術（妊娠六ヵ月）を行なった「鍼灸按摩業」の男（五三歳。刑期不明）は、「長サ三寸五分、径四分位ノ『ゴシツ』（いのこずち）ヲ子宮内ニ差込ミ入レツパナシニシテ置」くという堕胎手術を行なったが、この堕胎手術方法は、「幼少ノ折先生ニ習フテ覚ヘテ居リマス」というものであった。

鍼灸師・按摩のあいだでは、その徒弟制のなかで、堕胎手術方法が伝承されていたといえよう。次のように、鍼灸師によって、そのツボが伝承されているばあいもあった。

一九一七年（大正六）七月秋田県南秋田郡で、「鍼治業」の男（五四歳。刑期不明）から堕胎手術（妊娠二ヵ月）を受けた奉公人の女（二七歳）は、それについて次のような供述をしている。「下腹三ヶ所ニ（臍《へそ》ヨリ二寸許リ下…クワヂニクモン…及ヒ臍ノ下一寸位ノ左右側…フヨウモン…）針ヲ打テ貫ヒマシタ」。下腹部のツボ二ヵ所が、堕胎手術のために鍼を打つツボであるというものであったが、それに対して、この女の堕胎手術を行なった「鍼治業」の男は、「コノ針二本デ懐胎デアレバ二三日後ニ必ズ堕胎スルモノデアリマス」、そしてさらに、この男は、「私共ノ師匠カラ懐胎ノ女ニハ決シテ臍ノ下部（クワヂニクモン、フヨウモン）ニハ針ヲスルコト出来ヌト教ヘラレテヲリマシタ」と供述を残している。

弟子入りし徒弟制によってその技術を取得していた鍼灸師・按摩たちのなかには、その技術伝承の過程において、堕胎手術方法をも身につける者がいた。そして、彼らが、産婆、農民・雑業層の女たちとともに、地域社会のなかで、堕胎手術を行なう存在となっていたのである。

それでは、彼女ら・彼らは、どのようにしてこうした堕胎手術を請け負っていたのであろう。堕胎を行なおうとする女が直接訪れることもあり、また、周旋人がいるばあいもあった。たとえば、一九〇一年（明治三四）六月滋賀県東浅井郡で、「無職」の女（二五歳）の堕胎手術（妊娠月数不明）を行なった農業の男（四〇歳）は、別の農業の男（四〇歳）と「日稼」の男（三二歳）からそれを周旋されていた。その際、手術者は一円を、周旋人は六円を女から受け取っている。

周旋人と手術をめぐる金銭授受

また、一九〇四年（明治三七）七月同県犬上《いぬかみ》郡で、農業の女（二一歳）の堕胎手術（妊娠五ヵ月）を行なった「按摩」の男（四四歳）に対しては、農業の男（四九歳）が周旋人であった。その際、女は堕胎手術料金として合計一〇円を用意したが、周旋人が六円を「横取リ」したために、手術者の「按摩」は四円を受け取っただけであったという。このように、周旋人がいて、彼らが周旋料金を受け取っていることは、地域社会のなかに、堕胎手術をめぐる闇ネットワークがあった可能性を推測させてくれる。

そしてまた、堕胎手術者たちも、ほとんどのばあい、金銭または物品を受け取り、堕胎手術を行なっている。さきに堕胎手術常習者の供述例をみた表1・表2には、堕胎手術料金を記しておいたが、表1のばあいは最低額四〇銭から最高額四円までの金銭、また、前掛一本・紺木綿一反・木綿半反・白米三升といった物品の授受が、表2のばあいは最低額

表3　堕胎手術料金

金　額　(円)	件数
0	5
1円未満	17
1円以上～2円未満	45
2円以上～3円未満	35
3円以上～4円未満	32
4円以上～5円未満	23
5円以上～6円未満	14
6円以上～7円未満	5
7円以上～8円未満	5
8円以上～9円未満	3
9円以上	6
小　計	190
不　明	130
合　計	320

一円から最高額三円までの金銭、また、糯米《もちごめ》五升・六升・木綿一反といった食品・物品の授受が行なわれていた。

とはいっても、この堕胎手術常習者たちが「謝礼」という名目で受け取った堕胎手術料金としての金銭・物品は高額ではなかった。

表3は、岡本の「本邦ニ於ケル堕胎ニ関スル統計的調査ノ一斑」にまとめられた全三二〇件の堕胎手術料金について、その金銭のわかる事例のみを集計したものである。不明が一三〇件あるが、残りの一九〇件についてみると、一円以上二円未満の四五件を最高とし、二円以上三円未満が三五件、三円以上四円未満が三二件、四円以上五円未満が二三件あり、一円以上五円未満の金額が堕胎手術の相場であった。当時の物価は、たとえば、一九〇七年（明治四〇）東京の標準価格米一〇キロ小売価格が一円五六銭（週刊朝日編　一九八一a）、同年東京の岩手県産黒炭一俵（一五キロ）が六四銭（週刊朝日編　一九八一b）、同年東京の大工の日当が一円（岩崎　一九八二）であるから、堕胎手術料金は高額とはいえない。しかし、

現金収入が少なかったと考えられる堕胎手術を受ける女たちにとって、また、零細であることが予想される堕胎手術者にとっても、その生活水準からすれば高額といえる金銭授受であったといえるかもしれない。

零細な金銭・物品授受

堕胎手術をめぐるこうした金銭授受を、もうすこしみてみよう。

一九〇三年（明治三六）五月千葉県市原郡で、農民の女（三〇歳）の堕胎手術を行なった「按摩業」の男（五五歳）は、それをめぐる金銭授受について、次のように供述している。「氏名不詳年齢三〇歳位ノ女ガ自分方ニ来リ妊娠五ヵ月ニナル胎児ヲ堕胎セシメ呉レロト頼ミニ来」て、「其女ハ何程位ニテ其手術ヲ施シテ呉レルヤ」と尋ねたので、「金参円ダト申シマシタ」。ところが、その女は「金ノ持合セガナイ」というので「金壱円ヲ置イテ」いった。

女が値切ったので、堕胎手術料金は一円となったわけである。供述は次のように続く。「何《いず》レ秋ニデモナリテ米ガ取レタラ其時ニハ米デモ持テ来ルガ宜《よろ》シイ」「何処ノ者デモ甘《うま》ク子ガ下リテ仕舞ヘバ誰デモ野菜類ヲ持ツテ礼ニ来ル故オ前サンモ甘ク行キシ時ハ野菜デモ持ツテ礼ニ来ルガ宜シカロウ」と女に言ったというのであった。

最初に堕胎手術者が言った料金は三円であった。しかし、値切られてそれは一円となった。そこで堕胎手術者は、米や野菜を「礼」として要求していた。

一九一一年（明治四四）四月岡山県浅口郡で、紡績女工の女（二〇歳）に対して一円の代金で堕胎手術を行なった「按摩」の男（六四歳）は、他の堕胎手術の例を次のように供述している。ある妊娠三ヵ月の女がたずねてきたので堕胎手術を行ない、「金弐円ヲ貰」った。しかし、「後産《あとざん》ガ出ヌカラ私ニ来テ呉レ」といってきたので、こんどはその女の家へ行き「後産ヲ出シテ遣リ」、手数料としてさらに「金四拾銭ヲ貰」った。また、別の妊娠三ヵ月の女がたずねてきたので堕胎手術を行なったが、この女が「金ガナキ故後日持参スルト申シマス」というので、「オ前ハ困難ノ身分故壱円デ宜シキ故出来タ折ニ持《もっ》テ呉レ」と伝えたが、「今日迄一厘モ呉レマセヌ」ということであった。

このような堕胎手術をめぐる金銭授受において、物品が補充されるなどの経過、あるいは、堕胎手術を受ける女たちが値切り、また、支払いを滞らせる経過をみていると、堕胎手術を受けた女たちが社会経済的に中下層に位置していることは明らかであろう。そして同時に、堕胎手術をめぐる金銭授受の多寡をみると、彼女たちを顧客とする堕胎手術者、産婆、農民・雑業層の女たち、鍼灸師・按摩も、また同様であった。地域社会の中下層のなかに、堕胎を行なわなければならない状態になる女たちが存在し、また、それを顧客とする零細な堕胎手術営業者が成立していたことになる。

前近代的堕胎手術と近代国家

これまで、一九〇〇年代から一九一〇年代までの堕胎手術者たちの現実をみるなかで、産婆、農民・雑業層の女たち、鍼灸師・按摩、こうした人たちのなかに堕胎手術常習者がいたこと、またそれにより、この時期、いまだ堕胎手術が地域社会の中下層の人たちのなかで、社会伝承的な「習慣」としても存在していた現実を明らかにしてみた。

医師による堕胎

こうした現実のいっぽうで、堕胎手術者の第四のパターンとして、わずかではあるが医師による堕胎が存在していた。岡本の「本邦ニ於ケル堕胎ニ関スル統計的調査ノ一斑」にまとめられた全三二〇件の堕胎手術者には、医師が六人（一・九％）いる。

医師の堕胎手術方法をみると、これまですこしずつ紹介し、また、このあとで整理する、産婆、農民・雑業層の女、また、鍼灸師・按摩とは異なり、いちおう医療器具を使っている。たとえば、一九〇九年（明治四二）四月福岡県八女《やめ》郡で、熊本県玉名郡から汽車でおとずれた農業の女（一九歳）に堕胎手術（妊娠七ヵ月）を行ない、懲役四ヵ月の判決を受けた医師（五五歳）は、子宮口に「『ゴム管』ヲ挿入致シ十五分位デ抜取」るという手術を行なっている。また、同年二月同じ福岡県山門《やまと》郡で、「旅館雇人」（二三歳）の女の堕胎手術（妊娠二ヵ月）を行なった医師（五五歳。刑期不明）は、「『ブージー』ヲ子宮ニ挿入」するという手術であった。ブージーというのは、硬質のゴム製または金属製でできた棒状の医療器具である。

医師による堕胎手術では、他でもブージーが使われている。一九一四年（大正三）一〇月山形県最上郡で農業の女（二〇歳）の堕胎手術（妊娠六ヵ月）を行なった医師（七〇歳。刑期不明）も、「『ブジー』ヲ七寸位子宮内ニ挿入」するという手術を行なっている。そして、手術を受けた女は、これについて、「『ブジー』挿入後二時間許《ばか》リニシテ水様ノモノガ降リ（中略）、産スル前ニ非常ニ腹痛」がしたという供述を行なっている。

また、このような医師による堕胎手術を受けた女たちについては、富裕な階層が多かったのではないかと推測される。たとえば、この山形県最上郡で堕胎手術を受けた農民の女は、「雇人ト私通姙娠」したものであり、年齢が二〇歳であることを考えると、自作農上層か地主の娘であった可能性が高い。また、さきにみた、福岡県八女郡まで堕胎手術に汽車でおとずれた熊本県玉名郡の農民の娘も年齢が一九歳であり、遠方まで汽車に乗車していることなどから、富裕な農民層であったものと思われる。

しかし、こうした医師による堕胎手術が、摘発された堕胎事件のなかでわずかであることをみると、一九〇〇年代から一九一〇年代にかけては、医師による堕胎手術はいまだ一般的ではなかったと考えなければならない。

「自ラ挿入」

そして最後に、堕胎手術者の第五のパターンとして、妊娠している女自身がみずから堕胎手術を行なっているばあいがある。岡本の「本邦ニ於ケル堕胎ニ関スル統計的調査ノ一斑」にまとめられた全三二〇件のうち、二〇人（六・三％）の女がみずからの手で堕胎を行なっている。けっして少なくはない。すでにみた、長塚節の小説『土』（一九一〇年）、その主人公勘次の妻お品の堕胎も、お品自身によるものであった。

たとえば、一九〇二年（明治三五）四月島根県八束《やつか》郡でみずから堕胎手術（妊娠五ヵ月）を行なった農業の女（三三歳）は、「ヤマブキノ茎二寸許リヲ陰部ニ自ラ挿入」し、また、一九一一年（明治四四）八月栃木県足利郡でみずから堕胎手術（妊娠四ヵ月）を行なった農業の女（二四歳）は、「自身デ一寸位ノ酸漿《ほおずき》ノ生ノ茎一本ヲ便所ニ於テ子宮内ニ挿入」していた。ヤマブキやホオズキの茎を利用して、みずから堕胎手術を行なっている。

もうひとつみてみよう。

一九一〇年（明治四三）四月神奈川県高座《こうざ》郡でみずから堕胎手術（妊娠七ヵ月）を行なった「糸取工女」（二〇歳）は、「自宅便所ノ側ニアル長サ四寸位ノ『ホーヅキ』ノ根ヲ二ツニ曲ゲ子宮内ニ挿入シ置」き、一日半後に胎児を出産した。堕胎罪により、懲役六ヵ月（執行猶予三年）の判決を受けている。そして、この「糸取工女」は、この堕胎手術方法について、次のように語っている。

「『ホーヅキ』ノ根ヲ子宮ニ挿入セバ堕胎スルト云フコトハ製糸場ニ居リマス時分ニ孕《はら》ンダラ『ホーヅキ』ヲ子宮ニ挿セバ児ハ下リテシモウト他ノ糸取女ノ仲間ガ申ス話ヲ聞キ取リ居リマシタ」「夫《そ》レデ堕胎スルコトガ出来ルト思フテ遣リマシタノデアリマス」。

この「糸取工女」は、ホオズキの根を子宮に挿入し行なう堕胎手術方法を、製糸工場の仲間の女たちから聞き知っていたというのである。

みずからの経験から手術者に

一九一二年（大正一）八月山口県大島郡で、「蕗《ふき》ノ茎ヲ自ラ陰部ニ挿入」して堕胎手術（妊娠四ヵ月）を行なった農業の女（三七歳）は、「蕗ノ茎ヲ陰部ニ挿入スレバ堕胎スルコトハ世間ノ人ガヨク話シマス」と供述している。堕胎技術がふつうに語られていたというのである。また、一九一六年（大正五）九月岩手県紫波《しわ》郡で、みずから「牛蒡《ごぼう》ノ根ヲ削リテ鉛筆ヨリ少シ細イ位ニシ先キヲ尖ラシ其一端ニハ三―四寸位ノ麻糸ヲ結付ケ九月十四日午前八時頃子宮内ニ差入レ」、堕胎手術（妊娠四ヵ月）を行なった農業の女（二五歳）は、その「堕胎法ノ有効ナルコトハ以前草取リニ参リ居リシ所デ他ノ人ノ話ニ聞テ知ツテ居リマシタ」と供述している。この女のばあい、他家に草取りの手伝い（結《ゆ》いか手間稼ぎかどちらかの可能性がある）に行った際に、周囲の人が話をしていてそれを知っている。

このように、一九一〇年代であっても、堕胎手術方法が会話のなかで語られ、それにより堕胎手術方法を習得し、みずからの手で堕胎手術を行なうばあいがあった。そして、こうして自分自身に対しての堕胎手術を行なった経験のある女が、やがて、他人に対する堕胎手術者となることもあった。

一九〇五年（明治三八）四月愛媛県越智《おち》郡で、「室内ニ仰臥セシメ桑ノ枯枝片（宅ノ裏ニ植テ在ル）二個（長サ二寸）ヲ挿入シ子宮ヲ衝キ」、「商」の女（三二歳）の堕胎手術（妊娠月数不明）を行なった農業の女（五五歳）は、「此手術ハ私ガ若キ時自分ニテ右様ノ手術ヲシテ見タルニ都合好ク流産シタノデ覚ヘマシタ」と供述している。かつて若年期にみずから堕胎手術を行なった方法を、他人に対しても実行している。また、一九一一年（明治四

表4　堕胎使用物体・方法

物体・方法		件数	
植物	ホオズキ	45	202
	ツワブキ	44	
	フキ	35	
	桑	12	
	ゴシツ	7	
	ゴボウ	7	
	バラン	5	
	ツツジ	5	
	柳	4	
	その他	38	
竹・木・杉・箸			50
手・指			18
腹部を揉む			18
鍼をうつ			6
その他			19
不明			7
合計			320

四）四月栃木県安蘇《あそ》郡で、「自宅ノ脇ニアル酸漿ノ根ヲ掘リ出シマシテ長サ三寸位ニ切リ端ニ糸ヲ付ケ」「ソレカラ中ニ這入リ」「先キハ子宮ニ付ケテ」、「農兼機織」の女（二三歳）の堕胎手術（妊娠三ヵ月）を行なった農業の女（六五歳）は、次のように供述している。

「自分ハ三十年程前或ル婆サンヨリ胎児ヲ下ロシテ貰ヒ其後自分ノ児ヲ堕胎シタコトガアリテ其工合ヲ覚テ居リマシタ」。

この女のばあい、若年期に他人の手により堕胎手術を受け、また、自分自身でも堕胎手術を行なった経験を持っている。その女が高齢になり、他人への堕胎手術者となっていた。

表4は、これまでみてきたような、堕胎手術に使われた植物などの物体を、岡本の「本邦ニ於ケル堕胎ニ関スル統計的調査ノ一斑」における全三二〇件から整理したものである。

植物を子宮内に挿入した件数が二〇二件（六三・一％）にのぼり過半数をしめている。また、竹・木・杉・箸などを子宮内に挿入した件数が五〇件（一五・六％）あり、これを含めると、子宮内に異物を挿入した件数が二五二件（七八・八％）であり、大多数がこのような方法をとっていた。手・指を挿入する、あるいは、腹部を揉んだり、鍼《はり》をうつといった方法もあるが、こうした堕胎手術は鍼灸師・按摩によるものがほとんどであった。

手術者の社会伝承的性格

岡本の「本邦ニ於ケル堕胎ニ関スル統計的調査ノ一斑」にまとめられた全三二〇件のうち、堕胎手術者がわかるものを、五パターンに分け、そこでの手術方法をも含めて、その現実を明らかにしてみた。それをもう一度確認してみると、堕胎手術者には、第一のパターンとして、「産婆規則」によった産婆（無免許も含む）が五一件（一五・九％）あった。しかしいっぽうで、第二のパターンとして、熟練の素人とでもいうべく、あるいは、明らかな無免許産婆である農民が四五人（一四・一％。うち五人は男）、雑業層が八二人（二五・六％。うち六人は男）もの数にのぼっていた。両者を合わせると、一二七人（三九・七％）の高率にのぼっている。これについては、「産婆規則」にのっとり、産婆営業を地方官庁に申請し許可された熟練者が第一パターンの産婆となり、申請をせず、あるいは、許可がおりなかった熟練者が第二パターンとなっていたにすぎないとも考えられる。また、もっとも多い第一のパターンと第二のパターンの堕胎手術方法をみると、そのほとんどが異物を子宮内に挿入する方法をとっており、そのような技術からみても、第一のパターンと第二のパターンとは同質の堕胎であったものと考えてよいと思われる。

そして、第三のパターンとして、鍼灸師・按摩の男が堕胎手術者になるばあいがあった。これも五二人（一六・三％。うち三人は女）もの数にのぼっている。これらのほかに、第四のパターンとして、医師が六人（一・九％）あるが、全体の割合からみると、ごく少数である。また、第五のパターンとして、他人に堕胎手術を依頼するのではなく、自分自身で堕胎手術を行なった女たちが二〇人（六・三％）いた。その堕胎手術方法は、異物を子宮内に挿入する方法であったので、自分自身で堕胎手術を行なうパターンも、第一のパターンと第二のパターンと同質の堕胎であったと考えられる。なお、全三二〇件のうちには、不明が六四人（二〇・〇％）がある。

第一のパターンの産婆と、第二のパターンの農民・雑業層の女と、第五のパターンの自分自身での堕胎手術は、地域社会のなかで伝承されてきた同質のそれであった。そして、これらを合計すると一九八人（六一・九％）にのぼっている。また、職業的な技術伝承ともいえる按摩・鍼灸師においても、徒弟制のシステムのなかでその堕胎手術方法が伝承されてきたものであった。

堕胎手術の妊娠月数

堕胎手術について、その具体的内容をさらに確認してみよう。岡本の「本邦ニ於ケル堕胎ニ関スル統計的調査ノ一斑」における全三二〇件について、その堕胎手術が妊娠何ヵ月で行なわれていたのかを集計したのが表5である。もっとも多いのが妊娠五ヵ月で八〇件（二五・〇％）を数え、三ヵ月の六〇件（一八・八％）と四ヵ月の五九件（一八・四％）がそれに次ぎ、妊娠六ヵ月も四五件（一四・一％）ある。また、それ以上の月数では、妊娠七ヵ月が二七件（八・四％）、妊娠八ヵ月が一一件（三・四％）、妊娠九ヵ月が五件（一・六％）、妊娠一〇ヵ月が一件（〇・三％）である。

現代のわたしたちの一般的認識からすると、意外ではないだろうか。現在の母体保護法による人工妊娠中絶の大多数は妊娠一一週未満、できるだけ母体に影響を及ぼさない妊娠三ヵ月未満というのが、一般的認識としても定着している。ところが、岡本の「本邦ニ於ケル堕胎ニ関スル統計的調査ノ一斑」に記された一九〇〇年代から一九一〇年代にかけての堕胎手術では、妊娠五ヵ月がもっとも多く、妊娠六ヵ月以上でさえ少なくはない。妊娠五ヵ月以上

表5　堕胎手術妊娠月数

妊娠月	件数	%
1ヵ月	0	0.0
2ヵ月	10	3.1
3ヵ月	60	18.8
4ヵ月	59	18.4
5ヵ月	80	25.0
6ヵ月	45	14.1
7ヵ月	27	8.4
8ヵ月	11	3.4
9ヵ月	5	1.6
10ヵ月	1	0.3
不明	22	6.9
合　計	320	100.0

であれば、胎動も感じられ、また、現代の産科医学、超音波検査などによれば胎児の性別さえも識別できる妊娠月数である。

それではなぜ、このような現代の産科医学の現実、また、一般的認識とは異なる妊娠月数で、堕胎手術が行なわれていたのであろう。

強制的流産としての堕胎

これまでみてきた堕胎手術常習者たちによる堕胎手術では、異物を子宮内に挿入する方法がもっとも多く、それにより、胎児をつつんでいる羊膜《ようまく》を異物によって破り、強制的に破水《はすい》させていた。たとえば、一九〇三年（明治三六）三月徳島県板野郡で、「日雇」の女（三七歳）に対して行なった農業の女（六七歳）の堕胎手術（妊娠七ヵ月）は、「尖リタル木ニ糸ヲ付ケ陰部ニ挿入」し、翌日「水ガ下リ同日午後八、九時頃分娩」という経過であった。また、一九一〇年（明治四三）五月栃木県下都賀《しもつが》郡で、大工の娘（一八歳）に対して行なった産婆（六六歳）の堕胎手術（妊娠六ヵ月）は、「生ノ柔軟ナル桑木ノ枝ノ尖《さき》ヲ以テ作リタル長サ二三寸位ノ細キ棒ヲ」「子宮内ニ挿入」し、「十四日目ニ水ガ下リ腹ガ痛ミ同夜十時頃分娩」するという経過であった。水が下りるというのは、破水していることを示している。

ふつう胎児は、母親の子宮内、胎盤の上で羊膜につつまれて成長する。約一〇ヵ月で月満ちて陣痛がはじまり、断続的におとずれる陣痛の間隔が短くなり、やがて羊膜が破れ破水し、胎児は産道を通り頭から生まれてくる（これが足からになるといわゆる逆子《さかご》）。ところが、ここで行われている堕胎手術は、このような自然に破水を迎えるのではなく、強制的な破水を行ない、胎児を子宮外に出させようとしている。

次のような、みずからが堕胎手術を行なった事例も、それを物語っている。

一九〇六年（明治三九）七月愛媛県越智《おち》郡で、みずから堕胎手術（妊娠九ヵ月）を行なった「無職」の女（一八歳）は、「津葉蕗《つばぶき》一寸五分位ノモノ三本ヲ雪隠《せっちん》ニテ自ラ陰部ニ差入レ」たところ、「時々血ノ様ナ物ト白キ膿《うみ》ノ様ナ物ガ少々ヅツ下リ」、やがて、「水ハ産出前一時ニドツト出テ続テドツト下リ物ガシタ」と供述している。

また、一九一六年（大正五）九月岩手県紫波郡で、みずから堕胎手術（妊娠四ヵ月）を行なった農業の女（二五歳）の供述は詳細である。九月一四日午前八時ごろ「牛蒡《ごぼう》ノ根ヲ削リテ鉛筆ヨリ少シ細イ位ニシ先キヲ尖ラシ其一端ニハ三―四寸位ノ麻糸ヲ結付ケ」、それを「子宮内ニ差入レ」た。同日午後二時ごろ「便所ニ行キシニ子宮内ニ差シタル牛蒡ハ便壺中ニ落チ」、午後三時ごろ「帯青色ノ水三合許《ばか》リ下リ腹痛甚シク其後モ腹痛」が続いた。一五日と一六日は「子宮ヨリ絶ヘズ下リ物ガアリ」、一六日午後六時ごろから「腹痛甚シク」、そして、夜一二時ごろ「分娩セリ死胎ト胞衣《えな》ハ自分デ手近ニアリシ便器ニ入レタ」という。

異物を子宮内に挿入することにより、強制的に破水させ、胎児が胎盤上に、子宮内にいることを不可能にする方法をとっている。いわば、社会伝承的に継承されてきた一九〇〇年代から一九一〇年代にかけての堕胎手術は、技術的には強制的流産（あるいは強制的早産）とでもいうべき方法であった。

なぜ、堕胎手術の妊娠月数が、妊娠五ヵ月がもっとも多く、それよりも妊娠月数が多い事例もあるのか。また、現代の人工妊娠中絶をめぐる一般的認識と異なるのか。それは、その堕胎手術方法が、こうした強制的流産とでもいうべき人為的手段であったためであると考えてよいと思われる。

死産と強制的流産

表6は、一八八六年（明治一九）から一九三八年（昭和一三）までの日本の死産率である。この統計がとられた最初の時期、一八八〇年代後半については、統計上の不備も考えられるが、一八八〇年代後半から一九三〇年代までの日本の死産率の推移をみてみると、それがもっとも高いのは、一八八〇年代後半から一八九〇年代ではなく、そのあとの一九〇〇年代であった。一九〇一年（明治三四）から一九〇四年（明治三七）までと一九〇六年（明治三九）から一九〇七年（明治四〇）までは、死産率〔死産数÷（出産数＋死産数）×一〇〇〕が九％を超える高率である。一九〇六年（明治三九）の九・七％を最高値とし、一九一〇年代に低下をはじめ、七％を切るのがよう

表６　死産率（1886 - 1938年）

西暦（和暦）	死産率(%)	西暦（和暦）	死産率（%）
1886年（明治19）	5.3	1913年（大正２）	7.8
1887年（〃 20）	5.4	1914年（〃 ３）	7.5
1888年（〃 21）	6.2	1915年（〃 ４）	7.3
1889年（〃 22）	6.6	1916年（〃 ５）	7.2
1890年（〃 23）	7.4	1917年（〃 ６）	7.2
1891年（〃 24）	7.8	1918年（〃 ７）	7.4
1892年（〃 25）	8.0	1919年（〃 ８）	7.0
1893年（〃 26）	8.6	1920年（〃 ９）	6.6
1894年（〃 27）	8.6	1921年（〃 10）	6.5
1895年（〃 28）	8.6	1922年（〃 11）	6.3
1896年（〃 29）	9.0	1923年（〃 12）	6.1
1897年（〃 30）	8.9	1924年（〃 13）	5.9
1898年（〃 31）	8.4	1925年（〃 14）	5.6
1899年（〃 32）	8.9	1926年（〃 15／昭和 1）	5.6
1900年（〃 33）	8.9	1927年（昭和２）	5.4
1901年（〃 34）	9.4	1928年（〃 ３）	5.3
1902年（〃 35）	9.5	1929年（〃 ４）	5.3
1903年（〃 36）	9.4	1930年（〃 ５）	5.3
1904年（〃 37）	9.3	1931年（〃 ６）	5.2
1905年（〃 38）	8.9	1932年（〃 ７）	5.2
1906年（〃 39）	9.7	1933年（〃 ８）	5.1
1907年（〃 40）	9.0	1934年（〃 ９）	5.2
1908年（〃 41）	8.9	1935年（〃 10）	5.0
1909年（〃 42）	8.7	1936年（〃 11）	5.0
1910年（〃 43）	8.4	1937年（〃 12）	4.9
1911年（〃 44）	8.2	1938年（〃 13）	4.9
1912年（〃 45／大正 1）	7.8		

＊各年の『日本帝国統計年鑑』（1937年～40年は『大日本帝国統計年鑑』）から作成．1886年（明治19）～1899年（明治32）は1916年版「人口ノ動態」表による．1900年（明治33）以降は各年度の「生産，死産身分別」表による．

やく一九二〇年（大正九）のことであった。

死産は、流産によってふつうの分娩が行なわれず、やむなく胎児が生まれることができなかったことを意味する。この時代、母体をめぐる労働、衛生環境などによって、死産となる可能性は高かった〔岩田 二〇〇三〕。しかし、これまでみてきたように、一九〇〇年代から一九一〇年代にかけての堕胎手術方法が、人為的な破水による強制的流産とでもいうべきものであったことを考慮に入れたとき、こうした高率の背景として、死産としてまとめられている数値のなかに、堕胎によるものが含まれているのではないか、そうした仮定を成立させてくれる。資本主義的生産関係が形成されつつある一九〇〇年代から一九一〇年代にかけてではあったが、その時代にあってすら、堕胎手術方法はこうした社会伝承的なそれによって行なわれ、ちょうどこの時期に、死産率はピークを迎えていたのである。

堕胎と近代との相剋

一九〇〇年代から一九一〇年代にかけて、堕胎手術者と堕胎手術方法は、いまだ社会伝承的性格をもって継承されていた。地域社会のなかで堕胎が語られ技術伝承が行なわれ、また、堕胎手術常習者が数多く存在していた。この堕胎手術常習者が、「奉公人」「日稼」「雇人」、女工、農民の女たち—資本主義的生産関係のなかで労働者として、あるいは、寄生地主制下の農村で、堕胎をよぎなくされた女たちの堕胎手術を行なっていた。

そしてまた、その堕胎手術をめぐっては、それを受ける女たちにとっても経済的困窮、また、それを行なう堕胎手術者にとっても零細さがただよう。堕胎手術を受ける女たちだけではなく、それを行なう堕胎手術者も、地域社会の中下層で生活する人たちであった。そしてそこにおいて、彼女ら・彼らに対して、近代刑法における堕胎罪との相剋がおこっていた。

堕胎に直面した彼女らは、資本主義的生産関係、また、寄生地主制下の生活に組み込まれていた。そして、近代刑法における堕胎罪が、近代国家のシステムとして、彼女らの堕胎を制約していた。しかし、彼女らが行なう堕胎は、おそらくは近世から地域社会のなかで継承されてきた社会伝承的性格を色濃く持ったものであり、西洋医学による医師、近代医学の技術によって堕胎を行なっていたわけではなかった。

いわば、彼女らをとりかこむ国家の政治体制は、近代的性格を持ち、資本主義的生産関係のなかにいちおうはおかれていた。しかし、じっさいに、彼女らが行なう堕胎、および、堕胎手術者の相貌は、近代的というよりも「習慣」、前近代からの社会伝承的なネットワークの残存によっていた。そこに、一九〇〇年代から一九一〇年代にかけての堕胎をめぐる、女たちをとりまく近代国家と現実とのズレ、あるいは、矛盾があった。彼女らは、前近代的な「習慣」のなかに生き、そこで伝承されてきた堕胎を行なうことにより、近代国家の設定した堕胎罪とのあいだに相剋をおこし、摘発され、あるいは、堕胎手術の失敗によって死にいたらしめられるという悲劇の当事者となっていた。

堕胎罪をめぐる女と男

性の社会伝承

堕胎手術者および堕胎手術方法をめぐるその社会的、および、歴史的意味が明らかになったところで、次は、それを行なわせるに至った行為の起点、女と男との性をみていってみよう。堕胎および堕胎手術方法が地域社会で習慣的であったように、それの起点を作る女と男の性も同じような性格を持っていた。

社会伝承的な民俗事象としての性

一九〇四年（明治三七）九月福井県大飯《おおい》郡で、「定マリタル情夫ナシ」の「奉公人」の女（一八歳）が、職業不明の女（四二歳）から堕胎手術（妊娠五ヵ月）を受けた。堕胎罪の刑期は、「奉公人」の女が懲役一ヵ月、手術者が懲役一ヵ月一五日であった。

そして、この事件の手術者は、次のような供述を行なっている。

「コノ遣リ方ハ世間デ皆ナ話ガアル」。

この地域では、竹の串を「子宮内」に挿入する堕胎手術方法が、一般的であった。そして、この堕胎手術を受けたのは、「定マリタル情夫ナシ」の「奉公人」の女であった。男のヨバイによる妊娠であったばあいもある。

一九一六年（大正五）一〇月青森県西津軽郡で、堕胎（妊娠二ヵ月）を行なった女（二一歳・職業不明）のあいかたの男は、「夜這《よばい》ニ行夕（ママ）人ナリ故ニ氏名年齢等不詳」であった。「情夫ハ誰ナルカ不明」であるために、女の母親（四一歳）とその親戚の男（三三歳）の依頼をうけ、二人の按摩の男（二七歳・五一歳）による堕胎手術をうけた。堕胎罪の刑期は、手術者二人が懲役二ヵ月（執行猶予二年）であった（女と依頼者については刑期の記載がない）。

このように、女の「情夫」が数名あるために、あるいは、男がヨバイにきて妊娠したために、あいかたの男を特定できない、という現実もあった。こうした女と男の性のうち、妊娠し堕胎におよんだものはそのうちのごく一部であったろうから、このように女が複数の男と性関係をもち（逆に、男も複数の女と性関係を持つことがあったと考えられる）、また、ヨバイにより男と性関係をもつことは、多かったことであろう。

農山漁村においては、当時いまだ、堕胎および堕胎手術方法が、社会伝承的な民俗事象として存在しているとともに、それと表裏一体であるかのように、女と男とのあいだの、社会伝承的な民俗事象としての性が存在していたのである。しかし、この性のひとつの結果が、女にとってはその身体を傷つける堕胎、また、堕胎罪に問われることであったのに対して、このあとでみるように、男の方はそうならなくても済むものであったとき、こうした性と堕胎は、近代国家および社会のなかでは、女にとって不利益な生活習慣であったと考えなければならない。農山漁村における女と男とのあいだの社会伝承的な性は対等ではなく、女を劣位に、男を優位におく、そうした社会関係であり〔岩田　一九九六〕、それが堕胎に反映していたと考えることができるかもしれない。

そのために、あいかたの男が特定される堕胎のばあいでも、こうした、社会伝承的な民俗事象としてとらえることが可能な事例もある。

「土地ノ習慣」

一九〇八年（明治四一）七月佐賀県杵島《きしま》郡で堕胎（妊娠一ヵ月）を行なった農業の女（二七歳）は、大工（二九歳）とのあいだの妊娠であった。女は農家の「後家」で、男はこの家に「雇ハレ中私通」したために、「世間ニ対シ面目ナク」かつ「夫婦ニモナレズ」、「灸術」の女（五四歳）による手術をうけた（堕胎罪の刑期についての記載はない）。

「後家」と大工とのあいだのこの事件には、さらに、次のように記されている。

「コノ地方ニ於テハ私通シ妊娠トナレバ夫婦ニナルガ慣例ナリト」。

「私通」じたいが否定されていたのではなく、妊娠したばあいは結婚するのがふつうであったが、この「後家」と彼女の「雇人」の大工とのあいだにはなんらかの支障があり、堕胎が行なわれたというわけであった。また、同年四月、同じ佐賀県杵島郡で堕胎（妊娠四ヵ月）を行なった農業の女（一九歳）は、あいかたも農業の男（二四歳）、つまりは、農家の娘と若者とのあいだの妊娠であった。このばあい、不起訴処分であったが、その理由は、「土地ノ習慣ヲ考量シ」、また、「風俗矯正会等ノ企《くわだて》」があるからであった。「土地ノ習慣」、いまだ社会伝承的な民俗事象としての「私通」が存続していた。また、「風俗矯正会」の実効があったかどうか疑問であるが、日露戦後のこの時期に、こうした性をめぐる社会伝承的な民俗事象への統制がはじめられるようになっていた。

　こうした女と男とのあいだの性の民俗事象は、こうした堕胎をめぐる記録だけに残っているわけではない。たとえば、和歌山県西牟婁《むろ》郡田辺町に生活していた博物学者の南方熊《みなかたくま》楠《ぐす》は、一九一四年（大正三）に次のような記録を残している〔南方 一九一四〕。

> 去年当地近傍鮎川《あいが》村にて、夜這《よばい》禁制の為壮丁《そうてい》夜出に必ず提灯《ちようちん》を点《とも》し行かしむる法を設け、色々と六つかしき制規を定めたり。まことに都会の人が聞かば笑ふべきの甚しき也。併《しか》しそは笑ふ者の過《あやまち》にて、実は今日も地方に夜這と云ふ事の一夜も行はれぬ所無く、之を郷土存立の大要件として村方に行はれ居る也。

和歌山県西牟婁郡田辺町の近郷では、今でもヨバイが行なわれており、そうであるがゆに、このヨバイを禁止するために、大人の外出には提灯の点灯を義務づけたというのである。南方は、さらに次のように続ける。

婚家の成立大家《たいけ》に非《あら》ざる限は皆この夜這に由りて定まることで、色々試験して後に確定する夫婦故、却つて反目離縁等の禍《わざわい》も少なく、古印度や今の欧米で男女自ら選んで相定約する如く村里安全繁盛持続の為の一大要件なり。

ヨバイによって、女と男とが性的関係をもち、その結果として婚姻が行なわれるのであるという。もっとも、南方のばあい、こうしたヨバイによる性を、欧米流の恋愛と同質としており、のちに、柳田国男もそうした主張を展開したために〔柳田　一九四八〕、いまだ、そうした固定観念が強いが、そうではなく、ヨバイとは社会伝承的な民俗事象として女に対して男が優位に立ったものであり〔岩田　一九九六〕、また、女が堕胎をやむなく行なっていた現実、さらには、女が数名の男と性関係をもっていた事例をもみたとき、こうした女と男の性をして南方や柳田の考える恋愛とみなすことには無理があろう。

こうした社会伝承的な民俗事象としての女と男とのあいだの性、そして、その結果としての妊娠については、事件性を持ったがゆえに報道された地方新聞の記事からもうかがうことができる。ここでも『静岡民友新聞』を例としてみよう。

「下女奉公中同村青年数名と情を通じて妊娠」

一九一三年（大正二）五月一五日第五面に「嬰児《えいじ》を竹藪《たけやぶ》に埋没　母親と共謀圧殺《おしころ》し」という記事が掲載された。静岡県賀茂郡の娘（一九歳）が「村内の若者誰彼となく私通し胤《たね》の分らぬ子を孕《はら》」んだため、その母親（五二歳）に相談したものの、同年四月一二日夜男子を出産した。やがて、この娘と母親は嬰児を圧殺し、自宅裏墓地の竹藪へ埋めたが、警察署が「探知」するところとなり、五月一三日に拘引された。同年五月一八日第三面の「嬰児殺し結審　相手は青年数名」によれば、この娘のおかれていた状況は、「下女奉公中同村青年数名と情を通じて妊娠し」たものであり、さらに、同年六月一〇日第七面の「嬰児殺し公判　丸山弁護士の初舞台」によれば、地方裁判所での公判の席上、娘は次のように語ったという。「圧殺の原因は父は脳病で癇癪持《かんしやくもち》なり殊に家は貧しく肝心の男は判らず何が何やら思慮分別もつかず咄嗟《とつさ》に殺意を生じ母と相談の上殺しました」。

この事件のばあい、堕胎ではなく、出産後の嬰児殺しではあるが、山村の貧困な家の娘が「下女奉公」に出され、そこで不特定多数の若者と性関係が生まれ妊娠、やむを得ず、出産後の嬰児殺しに及んでいた。

そしてこの事件は、地方裁判所での検察側の求刑は懲役二年であった。これに対して、丸山という弁護士の主張は、「被告等の郷里は山間僻地」であるため、このような「汚行は朝飯前なりさるに幸か不幸か今日迄斯《か》かる犯罪者を出」さなかっただけであり、「一面より見れば被告等両名は一村の犠牲となりたるわけにて」、また、「犯罪当時殆んど其の罪を知らずして犯したる位のもの」であるので、「刑を科する必要」はないであろうというものであった。この丸山という弁護士の弁論には被告人をやや蔑視する視線がある。しかしそうであるがゆえに、逆に、「下女奉公」をする娘と、彼女と性関係を持った不特定多数の若者とのあいだの性を、「山間僻地」の「汚行」であると主張し、それを根拠に、無罪を主張している。社会伝承的な民俗事象であるがゆえに、犯罪としての自覚も欠如し、したがって、無罪とされるべきであるとする弁護士の主張であった。

判決は、娘と母親に対して懲役二年（執行猶予三年）であった。

社会伝承的な民俗事象としての娘と若者たちとの性、その現実により、娘は妊娠し、ここでは嬰児殺しが行なわれていた。しかし、この娘と性関係を持っていた若者たちのすがたはみえてこない。事件の前面に出ているのは、嬰児殺しの当事者となった娘と母親だけであり、若者たちは事件の外側にあった。

堕胎罪に問われない男たち

「被告ニ非ズ」「非被告」

なぜ、堕胎や嬰児殺しにおいて、男たちは、不問にふされ、あるいは、その存在さえもが浮かび上がらないのであろう。岡本の「本邦ニ於ケル堕胎ニ関スル統計的調査ノ一斑」に集計された三二〇件の堕胎事件において、堕胎を行なった女のあいかたの男については、すでに記したように、一一〇人（三四・四％）が年齢不明、一二九人（四〇・三％）が職業不明であった。そしてさらに、これら年齢不明・職業不明のうちには、その存在じたいがまったく謎の男もいる。堕胎した女のあいかたの男の欄を見ると、単に「？」「一」とだけ記されたものが七四人（二三・一％）あり、そこでは男についての記載が完全に欠如している。堕胎罪に問われた事件において、約四件のうちの一件弱において、男の存在が消えていることになる。

なぜ、男が見えてこないのであろう。

第一には、堕胎罪においては、男が当事者であることから逃亡すれば、法的罪科をまぬがれ得たからである。「?」「―」と記されたあいかたの男の欄を見ると、「?」「―」のあとに「被告ニ非《あら》ズ」あるいは「非被告」と記されたものが一八件ある。たとえば、一九〇三年（明治三六）一〇月三重県一志《いちし》郡で堕胎（妊娠五ヵ月）を行なった「糸繰業」の女（二一歳）のあいかたの男については「―（被告ニ非ズ）」であり、また、一九〇六年（明治三九）一一月新潟県西蒲原《にしかんばら》郡で堕胎（妊娠六ヵ月）を行なった農業の女（二〇歳）のあいかたの男については「?（非被告）」であった。

刑法の堕胎罪においては、法律上の罪科に問われるのは、一八八〇年（明治一三）公布の最初の刑法においても、一九〇七年（明治四〇）の改正刑法においても、堕胎をした女と手術者だけであった。男は当事者であっても、教唆や周旋などによって堕胎それじたいに関与しなければ、堕胎罪の罪科を問われることはなかった。俗っぽい表現になるが、男は無視し、あるいは、拒絶すれば、つまりは無責任であればあるほど、罪科を問われなくてもよいのが堕胎罪であった。すくなくとも、あいかたの男の存在がわかっているとしても、男が堕胎それじたいに関与していなければ、彼は法律上罪科を問われることはなかった。刑罰の対象は当事者であることがまず第一に重要であり、そのために、堕胎罪は、堕胎を行なった女についてはその対象とすることはできても、いっぽうの責任者である男については、堕胎の当事者でなければ、おのずと「被告ニ非ズ」あるいは「非被告」となる法律であった。

たとえば、一九〇五年（明治三八）一〇月愛媛県越智郡で堕胎（妊娠八ヵ月）を行なった「奉公人」の女（二二歳）は、産婆（六九歳）により手術をうけた。しかし、あいかたの男は「養育ノ義務ヲ免レン為終《つい》ニ身ヲ隠」したため、男は「―」で不明であった。そのために、堕胎罪の刑期についても、男はなし、女は懲役一ヵ月（執行猶予二年）、手術者が懲役二ヵ月であった。

女の「死亡」と男の「?」「―」

堕胎および堕胎罪をめぐり男の存在が見えてこない第二の理由として、堕胎を行なった女が、それが原因で死亡したために、あいかたの男が不明となったばあいがあることである。生命の危険をおかしてまでも堕胎を行なう女がいたいっぽうで、逆に、それにより男はその存在さえも消え、当事者であることの責任をまぬがれ得ていた。男が「?」「―」と記された七四人のうち、九件は女が堕胎に失敗して死亡している事例である。

たとえば、一九〇四年（明治三七）八月福井県遠敷郡《おにゅう》で、堕胎（妊娠四ヵ月）を行なった「定マリタル夫モナク勿論《もちろん》資産モ」ない職業不明の女（二七歳）は死亡した。そのために、あいかたの男については、「不明」のままで終わっている。また、一九〇七年（明治四〇）九月熊本県玉名郡で堕胎（妊娠七ヵ月）を行なった職業不明の女（年齢不明）は、堕胎「施術ノ翌日ヨリ腹ヤ腰ガ痛ミ水ヤ血ガ下リタルモ児ハ出デズ非常ニ苦シム故ニ医師ニ受診」をしてもらい、「骨盤狭窄症ノ為ニ腹部ヲ切開シテ胎児ヲ取出シタ」。しかし、「手術両三日ヲ経テ腹膜炎ニテ死亡」したため、男については、女の「死亡ノ為不明ニ終」わり「?」となった。

また、女が堕胎の失敗により死亡しているばあいで、男が「?」「―」で不明である事例には、女が既婚者であり、夫以外の男とのあいだで妊娠し、堕胎を行なっているばあいもある。いわゆる「姦通」ということになる。「姦通」の事例については、あとでも紹介するが、ここでは、女が死亡して男が不明になったばあいである。

一九〇七年（明治四〇）五月熊本県葦北《あしきた》郡で、堕胎（妊娠五ヵ月）を行なった農業の女（二五歳）は、「夫ガ朝鮮ニ出稼中ニ懐胎」したものであり、「子宮炎及子宮周囲炎ニテ死亡（医師ノ診察ヲ受ケシモ）」したため、男は「?」であった。また、一九〇九年（明治四二）四月佐賀県藤津《ふじつ》郡で堕胎（妊娠四ヵ月）を行なった職業不明の女（二四歳）は、「既ニ内縁ノ夫アルニ彼ガ入営中更ニ他ノ男子ト通ジテ妊娠セル為」、つまりは内縁の夫が徴兵されている間に「姦通」を行ない妊娠したために堕胎を行なっていた。しかし、この女のばあいも、「堕胎ノ結果腹膜炎ヲ発シテ死亡」したために、あいかたの男については、女が「死亡ノ為不詳ニ終」った。

女の死亡と後遺症

堕胎手術に失敗して死んだ、このような女の事例は、岡本の「本邦ニ於ケル堕胎ニ関スル統計的調査ノ一斑」にまとめられた全三二〇件のうちでは二七人（八・四％）におよぶ。堕胎手術に失敗し女が死んだがために、事件として明るみに出やすかった可能性もあるので、この割合を堕胎手術のうちの死亡割合として単純に算定することはできないが、算定できる資料は他に皆無であると考えられるので、堕胎手術による死亡割合として、いちおうの数値としておきたいと思う。一〇人弱に一人の割合で、死んでいたと推測しておきたい。

そして、この二七人の死因は、腹膜炎が一二人で半数近くを占め、ほかに、敗血症四人、産褥性膿毒症《さんじよくせいのうどく》一人、複数の死因があるものとして、子宮周囲炎・骨盤腹膜炎一人、子宮炎及子宮周囲炎一人、子宮内膜炎・腹膜炎一人、化膿性子宮炎・「ラッパ」管炎・腹膜炎一人、「ラッパ」管炎・腹膜炎一人、不明が五人であった（「ラッパ」管とは卵管のことであろう）。いずれにせよ、子宮およびその周囲が炎症をおこし、彼女たちは痛み、苦しみつつ死をむかえていた。

死まで行かなくとも、堕胎手術によって、後遺症に悩まされたばあいもあった。

一九〇六年（明治三九）六月愛媛県越智郡で、僧侶（二三歳）と内縁関係にあった女（二六歳）は、「無職」の女（八七歳）から「約三寸長ノ木片ヲ陰部ヨリ子宮内ニ突込ミ且掻廻」という堕胎手術（妊娠五ヵ月）を受けた。しかし、「分娩後一ヶ月余ヲ経ルモ局所ニ痛アルガ故ニ医師ノ診察ヲ受ケ」たところ、「木片尚残留」していたという。堕胎罪の刑期は、男はなし、女は懲役二ヵ月、手術者は懲役二ヵ月（執行猶予三年）であった。

また、一九〇七年（明治四〇）一一月京都府南桑田郡で、「被雇人」の女（二七歳）が、農業の女（六〇歳）から「長サ六寸許リノ箸様ノ細キ牛蒡ノ軸ヲ鋭尖ニシテ之ヲ子宮内ニ挿入」するという堕胎手術（妊娠五ヵ月）を受けた。しかし、「施術後段々ト腹痛ヲ催シ」たため、「医師ノ検診」を受けたところ、「子宮後唇後部ニ壱個ノ刺創傷アリ出血ヲ以テ汚セリ」という事実がわかったという。堕胎罪の刑期は、あいかたの男は「被告ニ非ズ」、女と手術者は不明であった。

このように、堕胎手術の失敗により死に至らしめられなくとも、身体が傷ついたままとなることがあった。しかし、いっぽうの男たちは、堕胎罪に問われることすら少ない。それが堕胎および堕胎罪の運用をめぐる現実であった。

妊婦の自死

このように、堕胎手術の失敗、それによる女の死があった。いっぽうで、堕胎を行なわなくとも、自死を選んだ女もいた。ここでも『静岡民友新聞』をみてみよう。

一九一七年（大正六）一〇月二七日第三面「妊娠工女投身　薄情なる情夫を恨みて」によれば、二六日静岡県浜名郡のある川に女の溺死体が発見された。浜松署の検死によれば、この女は浜名郡内の「織屋」で働いていた秋田県秋田郡出身の女工（一七歳）で、同じ「織屋」の男工との間で妊娠し、妊娠三ヵ月の時点で、この女が男に相談したところ、男は「俄《にわ》かに厭気になり知らぬ」というために、女は身の振り方に困り、「織屋」から出て投身自死をしたものであるという。

一九一八年（大正七）一一月一一日第三面「淫奔の果て妊娠し轢死《れきし》」によれば、九日静岡県富士郡の身延《みのぶ》線線路で女（一八歳）の投身自死があった。吉原警察署の取り調べによれば、女中奉公中「男の判らぬ胤《たね》」を宿し妊娠七ヵ月となったが、家出をして自死におよんだことがわかったという。また、一九一九年（大正八）三月一三日第三面「妊娠八ヶ月の婦人投身　情夫の胤を宿して」によれば、静岡県榛原《はいばら》郡のある山林で二〇歳前後と思われる妊婦の死体が発見された。検死の結果、これは同郡の女（二三歳）とわかり、死体を実父に引き渡したが、青年と「私通」し妊娠したものであり妊娠八ヵ月であった。

妊娠し自死をえらぶ女がいた。しかしいっぽうで、ここでも男の姿はほとんどみえてこない。女が死んだだけではない。ともにいた胎児も死んだことはいうまでもない。

岡本の「本邦ニ於ケル堕胎ニ関スル統計的調査ノ一斑」に戻ろう。堕胎および堕胎罪において、なぜ男は見えてこないのか。

「情夫数名アリテ授精者不詳」

その第三の理由として、すでに見たように、社会伝承的な民俗事象として、女が不特定多数の男と性関係を持っていたばあいがあり、そのために、堕胎を行なった女が、胎児の父親を特定できなかったことである。

たとえば、一九〇三年（明治三六）一月滋賀県伊香《いか》郡で堕胎（妊娠四ヵ月）を行なった農業の女（二八歳）は、みずから堕胎を行なったが、あいかたの男については、「情夫数名アリテ授精者不詳」であった。また、一九〇九年（明治四二）五月熊本県菊池郡で堕胎（妊娠三ヵ月）を行なった農業の女（二二歳）は、産婆（六九歳）による堕胎手術をうけたが、あいかたの男については、「?」であり「情夫二名以上アリテ確定シ難シ」であった。いずれにせよ、胎児の父親を特定できないがために、男は堕胎じたいの責任、および、堕胎罪からまぬがれ得ていた。

堕胎のあいかたの男が「?」「二」であること、堕胎罪の裁判資料に浮かび上がってこない現実、そこからくみ取ることができることは、女が生命の危険をおかしてまでも堕胎を行なういっぽうで、男はその堕胎じたいを回避できるばあいが多く、また、男は近代刑法における堕胎罪に問われなくても済む、そうした、社会環境のもとにおかれていたことであった。男が「?」「二」であったことは、捜査上の欠落、また、裁判書類の不備であった可能性もあるが、堕胎を行なった女が明確であるいっぽうで、男の存在が見えてこないこと、それは、堕胎および堕胎罪が、いっぽうの当事者である男がそれらに無関係でいることを許す社会環境が、そこにあったことを示している。

このような堕胎および堕胎罪から責任をまぬがれ得ていた男について、さらに、その存在を明らかにしてみよう。その典型例として、男が女の雇用者であるばあいがあった。

雇用者の男と奉公人の女

『青鞜』誌を中心に行なわれた貞操論争（一九一四〜一六年）、その起点となった『反響』第一巻第五号（一九一四年九月）の生田花世「食べることと貞操と」、それは、生田自身が経験したセクシュアル・ハラスメント、それにより、生田がその雇用者に「貞操」を奪われたという告白からはじまっていた。岡本梁松の「本邦ニ於ケル堕胎ニ関スル統計的調査ノ一斑」にみられる資料が、生田のようなセクシュアル・ハラスメントであったかどうかを断定することはむずかしい。しかし、雇用者またその子弟の男が、被雇用者である奉公人の女を妊娠させ、彼女たちが堕胎を行なっていた事例は多い。

たとえば、一九〇〇年（明治三三）八月愛知県丹羽《にわ》郡で堕胎（妊娠五ヵ月）を行なった「製糸女工」の女（一七歳）は、その「雇主ノ長男」（製糸業）の男（一九歳）との間で妊娠し、「旧産婆」（六七歳）による手術を受けた。堕胎罪の刑期は、男がなし、女が懲役二二日、手術者が懲役三ヵ月一五日であった。また、一九〇一年（明治三四）七月福井県三方郡で堕胎（妊娠六ヵ月）を行なった「奉公人」の女（一六歳）は、その「雇主ノ長男」（二六歳）との間で妊娠し、「旧産婆」（八〇歳）による手術を受けた。堕胎罪の刑期は、男がなし、女が懲役一五日、手術者が懲役五ヵ月であった。

このような、「雇主ノ長男」が非雇用者あるいは奉公人の女を妊娠させ、女が堕胎をしている事例はほかにも多い。もう二例だけ見てみよう。一九〇六年（明治三九）二月千葉県長生郡で堕胎（妊娠五あるいは六ヵ月）を行なった「被雇人」の女（二一歳）は、その「雇主ノ長男」（二二歳）との間で妊娠し、産婆（六四歳）による手術を受けた（堕胎罪の刑期についての記載はない）。また、一九〇七年（明治四〇）一一月新潟県中頸城《なかくびき》郡で堕胎（妊娠八ヵ月）を行なった「奉公人」の女（二〇歳）は、その「雇主ノ長男」（年齢不明）との間で妊娠し、「按摩・鍼治業・売薬」の男（年齢不明）による手術を受けた。堕胎罪の刑期は男がなし、女が不起訴、手術者は不明であった。

もちろん、雇用者自身が被雇用者あるいは奉公人の女を妊娠させ、女が堕胎を行なったばあいも多い。一九〇八年（明治四一）二月佐賀県小城《おぎ》郡で堕胎（妊娠三ヵ月）を行なった「雇女」（二三歳）は、その農業の「雇主」（五七歳）との間で妊娠し、「小間物行商婦」（六四歳）の手術を受けた。堕胎罪の刑期は男がなし（「非被告」）、女がなし、手術者が懲役刑（刑期不明）であった。また、一九〇九年（明治四二）九月熊本県飽託《ほうたく》郡で堕胎（妊娠四ヵ月）を行なった「奉公人」の女（二〇歳）は、農業の男（三五歳）の「下婢」であり、産婆（五七歳）の手術を受けた。堕胎罪の刑期は、男がなし、女が懲役一ヵ月、手術者が不明であった。

こうした雇用者またその子弟の男たちは、地主であり、あるいは、地域社会での産業の担い手であったことであろう。そして、雇用者は既婚者が多かったと思われるが、女はその年齢からみて二〇歳前後がほとんどである。雇用者またその子弟は、雇った独身の娘たちを妊娠させ、娘たちは堕胎を行なっている。しかし、彼ら・彼女らが堕胎罪に問われたとき、女や手術者の多くが堕胎罪により懲役刑（執行猶予も多い）を受けているのに対して、雇用者の男やその子弟にはそれが適用されることはなかった。

なお、わずかではあるが、逆のケース、雇用者の女が奉公人の男とのあいだで妊娠し、堕胎を行なっているばあいがある。

雇用者の女と奉公人の男

一九〇三年（明治三六）四月愛知県知多郡で堕胎（妊娠五ヵ月）を行なった女（三八歳）は、「雇人」の男（年齢不明）との間で妊娠し、「按摩」（六四歳）による手術を受けた。女は男の「雇主」であり「後家」であった（堕胎罪の刑期についての記載はない)。また、一九一八年(大正七)七月宮城県亘理《わたり》郡で堕胎(妊娠六ヵ月)を行なった「穀商妻」(三九歳)は、その奉公人の男(四三歳)との間で妊娠し、「鍼術業」の男(三一歳)の手術を受けた。女の妊娠は「夫不在中」にこの「奉公人」の男と「私通シ懐胎セル為」であった。刑期は女が懲役六ヵ月(執行猶予三年)、男が懲役六ヵ月(執行猶予三年)、手術者が懲役六ヵ月(執行猶予三年)であった。

雇用者の娘が、奉公人との間で妊娠し堕胎を行なっていたばあいもある。一九一四年(大正三)一〇月山形県最上《もがみ》郡で堕胎(妊娠六ヵ月)を行なった農業の女(二〇歳)は、その家の「雇人」の男(二一歳)との間で妊娠し、医師(七〇歳)による手術を受けている(堕胎罪の刑期についての記載はない)。このばあい、堕胎を行なった女は、二〇歳という年齢から推定して、雇用者の娘であったと思われるが、それと被雇用者との間の妊娠および堕胎であった。このような、雇用者の女が奉公人の男との間で妊娠し堕胎が行なわれていた事例がないわけではないが、数は少ない。このような事実があったことだけを確認しておきたいと思う。

堕胎罪に問われない男たち

このように、近代日本の堕胎において、いっぽうの当事者である男の多くは、堕胎じたいからもまぬがれ、また、堕胎罪からも免責されていた。

岡本の「本邦ニ於ケル堕胎ニ関スル統計的調査ノ一斑」では、全三二〇件について刑罰の記載があるわけではないが、有期刑を受けている男は全三二〇件のうちわずかに三五人（一〇・九％）にすぎなかった。刑期の内訳は、懲役一ヵ月未満が五人、懲役一ヵ月～二ヵ月未満が一五人、懲役二ヵ月～三ヵ月未満が八人、懲役三ヵ月～四ヵ月未満が四人、懲役四ヵ月から五ヵ月未満が一人、懲役五ヵ月～六ヵ月未満が〇人、懲役六ヵ月～七ヵ月が二人である。

それに対して、有期刑を受けている女は全三二〇件のうち一三八人（四三・一％）にのぼる。刑期の内訳は、懲役一ヵ月未満が二四人、懲役一ヵ月～二ヵ月未満が七四人、懲役二ヵ月～三ヵ月未満が二三人、懲役三ヵ月～四ヵ月未満が一一人、懲役四ヵ月～五ヵ月未満が四人、懲役五ヵ月～六ヵ月未満が〇人、懲役六ヵ月～七ヵ月未満が二人である。

このように、堕胎罪により刑罰に問われた男が少数であるのに対して、女はその約四倍にのぼっていた。堕胎罪が当事者のいっぽうである女を主な対象とし、男はまぬがれ得るシステムであったことは、こうした事実からもうかがうことができよう。

なお、堕胎罪が適用されたとき、その刑期は、女も男も懲役一ヵ月～二ヵ月未満である者がもっとも多く、大多数が懲役五ヵ月未満であった。堕胎を行なった女は、一八八〇年（明治一三）刑法の堕胎罪では一ヵ月以上六ヵ月以下の懲役刑、一九〇七年（明治四〇）改正刑法では一年以下の懲役刑と決められていたので、もともとその定められていた刑罰じたいが重いものではなかったが、実際に下った判決もわずかな刑期であった。そのために、執行猶予になった女も多い。罪科に問われた全一三八人の女のうち、三九人が執行猶予になっており、その内訳は、一年が二人、二年が一五人、三年が一三人、四年が五人、五年が二人、年不明が二人である。この執行猶予が多いことについては、これまでみた各事件ごとに執行猶予があることを紹介してきたが、堕胎罪のひとつの特徴として、当事者のいっぽうの女だけが罪科に問われる性格を持ちつつも、司法における実際の運用は柔軟であったのではないか、そうしたことが推測できるように思われる。

堕胎罪の政治的機能

これまでみてきたように、一九〇〇年代から一九一〇年代にかけて、堕胎罪は女たちを対象としており、おおむね男たちはそれからまぬがれ得ていた。しかし、そうであるからといって、近代国家による堕胎罪の目的が、家父長制のため、あるいは、「富国強兵」的人口政策のためであったという評価をくだすことは早計であろう。堕胎罪で摘発された堕胎は氷山の一角であり、堕胎は、いまだこの時期、地域社会の習慣として根強く存在していた。そして、堕胎罪はザル法とでもいうべく、その適用は、現実に行なわれた堕胎のうちのわずかにしかすぎなかった。

地域社会と堕胎罪

この時期の地域社会には、女と男の性をめぐっては男優位の生活習慣、生殖それじたいをめぐっては直接的には女のみが関与し男は無関係であるという生活習慣が存在していた。

女と男の性についてはは男優位の性関係が存在するいっぽうで、しかし、その結果としての生殖についてては、出産にせよ堕胎にせよ、女のみが責任を負わなければならない、そうした地域社会の生活習慣があった。それが、男たちをして堕胎罪をくぐりぬける社会構造を作り出していたと考えるべきであろう。

堕胎罪の執行猶予

そして、堕胎罪が適用されたばあいでも執行猶予が多かった。これについては、これまでみてきた岡本の「本邦ニ於ケル堕胎ニ関スル統計的調査ノ一斑」が示す一九〇〇年代から一九一〇年代よりあとの時期、一九二〇年代後半についても、そのような状況は変わらなかった。むしろ、執行猶予は増加していたのではないかと推測される記録さえ残っている。

広島区裁判所検事櫻井忠男の調査報告「堕胎罪に就て」（一九三二）のなかに、一九二六年（大正一五・昭和一）から一九三〇年（昭和五）までの堕胎罪による刑期（執行猶予を含む）を記した「被告人数及科刑別調」という記録がある。この記録から、堕胎罪が適用された被告の刑期と、そのうちの執行猶予人数、そしてそのパーセントを示したのが表7である。一九二〇年代後半、堕胎罪適用の全体数のうち八二・五%が執行猶予となっている。刑期が圧倒的に多い三ヵ月以上六ヵ月未満のばあいには、八七・七%もの高率で執行猶予となっている。堕胎罪で摘発されても、懲役刑で実際に服役するものはわずかであっ

表7　1926～1930年（5年間）の堕胎事件刑期・執行猶予数

刑　期	人　数	執行猶予%
3ヵ月未満（執行猶予人数）	129（117）	90.7%
3ヵ月以上（　〃　）	916（803）	87.7%
6ヵ月以上（　〃　）	123（78）	63.4%
8ヵ月以上（　〃　）	51（26）	51.0%
1年以上（　〃　）	51（29）	56.9%
2年以上（　〃　）	16（10）	62.5%
3年以上（　〃　）	3（1）	33.3%
合計（　〃　）	1289（1064）	82.5%

＊櫻井忠男「堕胎罪に就て」（司法省調査課『司法研究』第15輯，1932年3月）所収第2表「自大正15年至昭和5年　5年間 被告人数及科刑別調」（pp. 193-196）より作成.

た。堕胎罪の現実は、ほとんどザル法の上に、適用されてもそのほとんどが執行猶予というのが、その運用の実態であったのである。

堕胎罪とは、その存在がありながらも、現実には、その実効がどれほどあったのか、堕胎に対する抑制機能をどれほど果たし得ていたのか、問題の多い刑罰であったと考えなければならない。すくなくとも、日本の近代国家における堕胎罪の目的が、積極的な性および生殖に対する政治的支配、あるいは、コントロールとでもいうべき性質を持っていたとすることはできないと考えなければならない。

刑法学者による否定

そのためであろうか、法曹界においても、堕胎罪に対する疑問は多かった。刑法学者をはじめとする堕胎罪に対する議論は、堕胎によって侵害される権利主体が誰にあるのか、あるいは、保護されるべき権利主体が誰にあるのか、そうした論理展開によって、堕胎を行なった本人が罪科に問われることに疑問を提出している。

一八九九年（明治三二）の新設時から一九一四年（大正三）まで京都帝国大学で教鞭をとった刑法学者勝本勘三郎は〔京都大学百年史編集委員会 一九九七〕、改正刑法公布の前年、一九〇六年（明治三九）に、はやくも堕胎罪への疑問を提出している。勝本は、「堕胎罪ト遺棄罪トニ就テ」（『内外論叢』第五巻第一号）のなかで、堕胎罪は胎児およびその母親に不利益であるがために刑法から削除するべきであると主張する。「胎児ノミニ対スル堕胎ノ行為ソノモノハ之ヲ許シ」「之ヲ罰スルノ明文ヲ刑法上ヨリ刪除《さんじょ》スルノ得策ナルヲ知ルコトヲ得ヘシ」というのである。堕胎罪の完全否定とでもいうべき主張であった。

一九三三年（昭和八）瀧川事件で知られる、同じく京都帝国大学の刑法学者瀧川幸辰《ゆきとき》も堕胎罪に否定的であった。ロシア革命後のソビエトにおける刑法で人工妊娠中絶を原則として認めていることを承《う》けて、一九二四年（大正一三）、瀧川は「堕胎と露西亜刑法」（『法学論叢』第一二巻第四号）を発表し、堕胎を行なった女は、自分自身の身体への傷害であるがために、刑罰の対象とすることはできないと主張する。瀧川によれば、「胎児の生活力は母体の生活条件に繋《つなが》つて居る」ので「決して独立のものではない」。したがって、「堕胎はその本質に於ては母体に対する傷害行為」であり、「堕胎罪の法益を確定することは甚だ困難」であり、「その処罰を必要とせざることを意味する」というのである。

また、一九三六年（昭和一一）から早稲田大学で教鞭をとることになる刑法学者の小泉英一は〔早稲田大学大学史編集所　一九九二〕、堕胎罪をめぐるヨーロッパの状況、またその歴史についても概観しつつ、その上で、日本の堕胎罪に疑問を提出している。小泉は、一九二七年（昭和二）から一九二八年（昭和三）にかけて、法曹界におけるはじめての堕胎罪に対する総括的研究とでもいうべき「堕胎罪の立法的基礎に就て」（『法曹会雑誌』第五巻第一〇号・一一号・一二号、第六巻第一号。補筆されて『堕胎罪研究』〈一九三四年、巌松堂書房〉として単行本。また、『堕胎罪の研究』〈一九五六年、雄渾社〉として再版）を発表し、そのなかで、堕胎をめぐる権利主体が誰にあるのかを整理する。小泉によれば、胎児・妊婦・父親・国家（および社会）の四者が関係するが、胎児については、「胎児はある場合に於て、それが人となつたことを条件として権利主体とみらるゝ」として、胎児は、母親の体外に出産した時点で権利主体となるが、出産以前においてはいまだ権利主体になり得ない。そうであるがゆえに、「妊婦の利益と胎児の利益が対立しない場合、相一致せざる場合に於ては胎児に対する保護を放擲《ほうてき》して妊婦の利益が保護されるべきである」として、堕胎においても、保護されるべき権利主体は妊婦であると結論づけている。侵害されてはならない権利主体は、堕胎を行なう女にあるとし、法的な権利主体が誰にあるのかを論理的に考察しつつ、それによって、堕胎罪に対して否定的主張を行なっている。

これらのほかに、明らかに、小泉の主張を承けていると思われる堕胎罪分析もある。一九二九年（昭和四）の溝江亮一郎「堕胎罪を論ず」（『早稲田法学』第九巻）がそれで、小泉と同じように、堕胎をめぐる権利主体は誰かと問いかけ、「出生前の胎児は私権を享有せず」「生理学上卵細胞は、母胎の一部にして、婦女が自ら自由に処分し得る所である」ので、「堕胎条文の廃止さるべき」とまで言い切っている。堕胎を行なった女にとって、卵細胞はみずからの身体の部分であるので、堕胎をして刑罰の対象とすることはできず、したがって、堕胎罪を廃止するべきであるというのであった。

こうした一九二〇年代までの刑法学者の理解によれば、胎児は母親の体外に出産した時点ではじめて人間として権利主体となるので、堕胎とは堕胎を行なった女の自傷行為にほかならず、刑罰の対象とするには無理があるというものであった。このように、法律に対する権利主体は誰にあるのか、それを明確にするなかで、堕胎罪を否定的にとらえる意見が法曹界にも存在していたのである。

労働者のために否定

一九三〇年代に入ると、法曹界でも、労働者の生活を擁護する地点に立ち、堕胎罪に対する否定的見解が主張されるようになっている。たとえば、志賀暁子事件の弁護士となり、また、一九四七年（昭和二二）片山哲《てつ》内閣の司法大臣、翌一九四八年（昭和二三）芦田均《ひとし》内閣の法務総裁などをつとめる鈴木義男は、一九三〇年（昭和五）「堕胎嬰児殺の処置に就て」（『法律新聞』第三一七二号・三一七三号）のなかで、堕胎は社会的原因によるものであり、情状酌量が当然であるとする。また、山本宣治とともに産児制限運動にもかかわり、虐殺された岩田義道《よしみち》・小林多喜二《こばやしたきじ》の死体解剖を行ない、一九四一年（昭和一六）ゾルゲ事件で逮捕されることになる医師の安田徳太郎は（安田 一九七二）、一九三三年（昭和八）二月「堕胎禁止法とその社会的矛盾」（『犯罪公論』第三巻第二号）を発表し、その伏せ字だらけの文章のなかで、労働者階級にこそ人工妊娠中絶が認められるべきであるという主張を行なう。

さらに、弁護士の森長英三郎《えいざぶろう》は、堕胎罪で逮捕される人たちに労働者が多いことに注意しつつ、その上で、堕胎罪の廃止を強く主張する。森長は、一九三六年（昭和一一）「堕胎罪雑考」（『日本犯罪学会雑誌』第一〇巻第一一号）のなかで、堕胎は半ば公然と行なわれ、「流産だけは公然と行はれて堕胎なるにも拘らず自然流産と届出でられたり」「犯罪性の隠《いん》蔽《ぺい》するもの」は多く、堕胎罪はむしろ犯罪を作っているという。そして、「刑法上の人の始期が一部露出説にあるならば、胎児は未だ母体の一部にして独立の人ではないから、その生命を保護せらるべき権利を有しない筈である」として、母体から出産した時点で、はじめて人間として権利主体となるという刑法学説にもとづき、堕胎は母体による自身の一部に対する傷害であるから、それを犯罪とすることはできないとする。

堕胎罪の法的機能

小泉および森長など、刑法学説では、出産後はじめて胎児は人間として権利主体となるのであり、そうであるがゆえに、母体の胎内の胎児はいまだ母体の一部とみなされていた。そして、この論理では、堕胎とは母体の自傷にほかならず、犯罪とみなすことができないのである。あたかもこれは、堕胎論争の火ぶたをきった原田皐月の小説「獄中の女より男に」(一九一五)で、裁判官に向かって女が主張する、母体内の胎児とは「腕一本」と同じであり「附属物」にすぎないとする論理と同じであった。

このようにみると、なぜ、「獄中の女より男に」によって『青鞜』が発売禁止処分になったのか、それを、家父長制あるいは「富国強兵」的人口政策に抵触していたためとすることはできなくなる。「獄中の女より男に」は、堕胎罪に抵触し国家権力への批判を行なっていたからではなかった。法曹界の意見と同じくして、堕胎罪じたいのもつ法的矛盾を、おのずと衝いていたからではないかと思われるのである。

このように、法曹界でも堕胎罪に否定的論理が多かったことを考慮に入れたとき、堕胎罪とは、日本の近代国家が、生殖コントロールのための積極的政策として、明確な目的をもって刑法に挿入したと考えるには無理がある条項であった。すでにみた先行研究のなかでも指摘されてきたような、キリスト教倫理にもとづくフランス刑法の輸入、あるいは、それと儒教的倫理の混淆の結果としての日本の堕胎罪の成立であった。そうであるがゆえに、ザル法として存続し、また、運用には執行猶予が多く、さらには、法曹界からも疑義が提出される、不徹底な刑罰にすぎなかったと考えることができる。また、アジア太平洋戦争期、一九四〇年（昭和一五）公布の国民優生法、一九四一年（昭和一六）閣議決定の「人口政策確立要綱」を頂点とする近代国家による生殖管理が、刑法における堕胎罪改正（あるいは廃止）を行なうことによる人口増殖政策としてではなく、それとは異なる政治的決定によって行なわれたという事実によっても、堕胎罪と、家父長制および人口政策とを連続させてとらえることはできないと考えられるのである。

いのちの近代

いのちへの視線

最初の課題に戻ろう。

堕胎をめぐるいのちの課題を提出した原田皐月の「獄中の女より男へ」が一九一五年（大正四）、その前年の一九一四年（大正三）が第一次世界大戦勃発の年であったことは偶然であったのだろうか。一九一〇年代、ヨーロッパ列強だけではなく日本も、帝国主義的植民地再分割の一環として、帝国主義段階の世界システムに組み込まれていた。その世界システムにおいて、日本は植民地を持ちその地域とそこに生活する人たちを支配し搾取する側に立った。そうであるがゆえに、女工たちも、また、彼女らを析出していた寄生地主制下の自小作・小作層も、植民地下の人たちに対しては、支配者となる構図ができあがった。

いのちの自覚

この時代、女工をはじめとする労働者の原生的労働関係にもいちおうの終止符が打たれようとしていた。すでに紹介した農商務省商工局編『綿絲紡績職工事情』（一九〇三）など全五冊の『職工事情』も農商務省による工場法制定のための準備作業であったが、一九一一年（明治四四）三月には工場法が公布される。現在の労働三法（労働基準法・労働組合法・労働関係調整法）と比べれば、不充分きわまりない労働法規であったことはいうまでもなく、また、紡績女工の身体といのちの破壊の最大の原因であった昼夜二交代制（徹夜業）禁止も施行後一五年間据え置きが明記され、さらには、その施行は一九一六年（大正五）六月まで延期されたが、これにより、資本主義的生産関係のなかに生きる女工たちを保護する労働法規がはじめて運用されることになった。

一八九〇年代に確立してくる製糸業と紡績業、そこで、一九〇〇年代から一九一〇年代前半まで、資本主義的生産関係のなかで搾取されるままであった女工たちにとっても、工場法によるいちおうの保護が行なわれるようになり、また、植民地下の人たちに対しては支配者である構図ができあがったのである。女工たちの階層的底上げであり、彼女らより低位の階層が形成されていた。

そして、このような、帝国主義的植民地再分割の時代、政治的・思想的には大正デモクラシーとよばれる時代に、原田皐月「獄中の女より男へ」およびこれをめぐる堕胎論争により、人間のいのちへの視線がはじめて自覚されるようになっていた。

そしてもうひとり、この時期、人間のいのちに視線を投げかけた人がいた。「女工と結核」（一九一三）で知られる衛生学者の石原修《おさむ》である。

石原修「女工ノ衛生学的観察」

「女工と結核」は、農商務省の嘱託であった石原が、工場法が公布されつつも施行が延期されるなかで、『国家医学会雑誌』第三二二号に発表した女工の労働実態と身体破壊の関係を明らかにした「女工ノ衛生学的観察」（一九一三）の調査をもとに行なった、国家医学会での講演であった。「女工ノ衛生学的観察」は、詳細な調査と統計により、一〇歳代の娘たちが昼夜二交代制（夜業）をはじめ劣悪な労働条件のもとで紡績女工として働くことによって、いかに身体といのちを破壊されていくのかを科学的に明らかにする。そして石原は、「数万ノ女子ノ若キ肉ハ紡績業ノ為メニ肉弾トシテ消費サレ居レルナリ」「身体衰弱シテ労働不能ニ陥入リシモノハ哀レナル体軀ヲ故山ニ搬《はこ》ビツ、アルナリ」と、語気強く危機感を述べる。

そしてさらに、石原が明らかにしたことは、工場労働により身体を破壊された娘たちが故郷に帰った以後であった。脚気・胃腸炎・ケガなどもあるが、もっとも深刻であったのは結核である。石原によれば、「疾患帰郷死亡者中肺結核ニヨリテ死亡セシモノハ其《その》四割」、また、「疾患帰郷死亡者中結核ノ疑アル疾患ニヨリテ死亡セシモノハ死亡者総数ノ三割」

であるという。帰郷後の死亡ではあったが、娘たちは、女工として働いたことにより結核に罹《かか》りそのいのちを破壊されていた。

石原は「女工と結核」のなかでもこうした主張をくりかえしつつ、それが、もともとは講演であったためでもあろう、さらに一歩踏み込んだ発言を行なう。

石原修「女工と結核」

石原は、「工業の為に犠牲になり」帰郷後死んでいった娘たちの実数は一年間に五〇〇〇人であり、その「五千人の戦死人の外に二万五千人といふ工業をやつた為に余計重病人が出来た」が、それは、「奉天の戦争で戦死者七八千負傷者五万人位を出して居ると思ひますが、恰度之《ちょうどこれ》と相比することが出来」「工業の為に犠牲になつた所の女工の数は奉天戦争の死者或は傷者と相当するものではないか」というのである。名誉の戦死とされる戦病死者と、資本主義的生産関係のなかで労働者として死んだ娘たちとをなぞらえている。

さらに石原は続ける。「戦をして死んだ者は敬意を以て迎へられ、国家から何とか色々の恩典に報いられ国民より名誉の戦死者」とされる。しかし、「平和の戦争の為に戦死したもの」、つまり、女工として働き結核などで死んだ娘たちに対しては、「国民は何を以て之を迎いつゝあるのであるか」「国家は何を以て之に報いて居るか」。

　そして石原は、次のような結論を述べる。「国といふ上から考へましても工業が結核を国内に撒布して世に立つて働くものの生命を絶」つことは、「此国がいつまでも斯《かく》の如きことをして進んで行きましたならば我々は子孫の為に不祥なる事柄を残す」ことになる。

　石原には娘たちの人権に対する意識が芽生えていた。しかし同時に、彼が留意していたのは、国家の損益として、娘たちの身体といのちの破壊をとらえていた点であった。石原の最晩年に職場の同僚であった社会衛生学者岡野文雄によれば、彼には強烈な国家意識があったという〔岡野　一九五六〕。工場法が公布されたにもかかわらず、施行が延ばされている状況のなかで、国家のために、また、娘たちの人権のために、その施行に向けての働きかけをする必要があった。帰郷後の娘たちの死を、奉天会戦の戦死傷者数になぞらえたのも、良兵の苗床《なえどこ》とされた農山漁村が破壊されることを軍部に訴え、軍部を動かそうとする戦略であったのかもしれない。

　こうした石原の国家意識は、それが農商務省嘱託という末端の官僚としての仕事であったがゆえに、持たれて当然の意識であったことであろう。それは石原だけではなく、彼の工場調査および講演「女工と結核」時点での工場法制定の実質的責任者でもあり、彼の上司でもあった農商務省工務局長岡実も、その著書『工場法論　全』（一九一三）のなかで、石原と同じように、娘たちが帰郷後に身体といのちを破壊されていくことを憂え、その改善を国家の問題であるとしている。「労働者ノ健康ヲ保全スルハ独《ひと》リ彼等ヲ保護スル所以《ゆえん》ノミニ非《あら》スシテ国家ノ繁栄進歩ヲ期スルカ為必要ナルコトトス」というのである。石原にせよ岡にせよ、近代国家の発展を意識した、社会政策的な地点からの娘たちのいのちへの着目であった。

「すぐ中絶せよ、が、中絶してもどのみち母も助からぬ」

しかし、こうした社会政策的な視点からであるとはいっても、石原や岡野には、身体といのちを破壊されていく娘たちの地点に、みずからの身を寄せようとする姿勢があった。すでに紹介した呉文聰のような「富国強兵」的人口政策、また、アジア太平洋戦争期の侵略主義的人口政策とは大きく異なり、彼らは労働者の身体じたいをその議論の起点に据えていた。たとえば、女工だけではなく労働者全般にわたりその疾病に言及した彼の講演集『労働衛生』（一九二三）をひもとくと、彼の視線がいかに労働者の身体じたい、および、彼らをとりまく労働環境にあったのかがわかる。

そのためであろう、一九一六年（大正五）八月、〝冬の時代〟を生き抜いてきた社会主義者、堺利彦たちが編集する雑誌『新社会』第一三号に「日本婦人の健康」という論説をよせた山川（青山）菊栄は、その基礎資料の多くを石原の「女工と結核」によりつつ、結核、また、女の不健康と貧弱な体格、さらには、高い乳幼児死亡率に言及する。この論説の約半分は「女工と結核」からの引用であるといっても過言ではないほどで、その上で、高率の乳幼児死亡率については、それが「日本婦人中多数を占める労働階級の婦人の過労と栄養不足と、育児哺乳に留意する遑《いとま》の無い生活の結果であらう」といい、資本主義的生産関係のなかに置かれた女子労働者に身を寄せつつ、その身体破壊の原因を労働・生活環境にもとめている。山川が石原の「女工と結核」に依拠したこと、それじたいからも、「女工と結核」が女工の地点に立ち、的確な基礎資料の提出を行なっていたと考えることができると思われるのである。

山川は、この「日本婦人の健康」を発表してから三ヵ月後の一一月に結婚、しかし、翌月の一二月半ばに結核に罹っていたことを知る。その自伝『女二代の記』（一九五六年）によれば、すでに両肺がおかされていたという。そしてその直後、さらに、自身が妊娠していることを知る。医師は山川に向かい、「すぐ中絶せよ、が、中絶してもどのみち母も助からぬ」といったという。淡々とした筆致がしずかに続く山川の自伝である。そのために見過ごされがちであるが、その当事者であった二六歳の山川の懊悩はすさまじいものであったことであろう。

病気が原因であったにせよ、山川もまた、いのちの二者択一に迫られた経験を持つひとりであった。さいわい、「自分のからだの中で育っていく新しい生命にたいして日ましに愛着を感じるようになっていたやさき」、病状も悪化しないようになり、転地療養も効を奏したのであろう、やがて、出産する。

一九一八年（大正七）から翌年にかけて、この山川をも含めた与謝野晶子・平塚らいてうなどによる母性保護論争のなかで、女の身体や乳幼児のいのちの問題が本格的に提出されてくる、その二年前のことであった。山川のなかには、すでに母性保護論争に加わるべく、その思想的かつ経験的蓄積が発酵しはじめていたといってもよいかもしれない。

ロシア革命が一九一七年（大正六）、第一次世界大戦の終了は一九一八年（大正七）であった。第一次世界大戦とほぼ重なる時期、一九一〇年代に、資本主義的生産関係のなかの労働者として生きる女工たちの身体といのち、人権への自覚が、はじめて、単なる認識としてだけではなく、論理的に構成されるようになってきていたのである。

おそらくそれは、帝国主義的植民地再分割を行なうヨーロッパの近代国家が、女の社会進出のきっかけを作った第一次世界大戦の時代であったことが背景にあったことであろう。たとえば、「日本婦人の健康」を含めて構成された山川の第一論文集『現代生活と婦人』が出版されたのが大戦終了の翌年一九一九年（大正八）一〇月のことであった。この第一論文集は、母性保護論争における彼女の論説なども所収されているために、それらに目をうばわれがちであるが、全体の構成は、第一次世界大戦による女をめぐる社会変動を世界的規模でとらえるところからはじめられている。大戦中のヨーロッパ・アメリカにおける女の労働界への進出、また、女性参政権の獲得の現実を指摘し、いっぽうで、日本では労働者としての女が家事労働をも負担する二重の被抑圧者として存在するようになっていることを、くりかえし指摘している。

日本も本格的な帝国主義的植民地再分割の仲間入りをした第一次世界大戦、それが、女と子供、さらには、いのちの問題を社会の前面に押し出す機能を果たしていたと考えることができるのではないだろうか。

帝国主義段階の女工

「織物界の覇王『遠州縞』」

第一次世界大戦が終わる前年の一九一七年（大正六）、静岡県西部浜名郡の織物業界は未曾有《みぞう》の好景気にわいていた。同年九月三日・四日の『静岡民友新聞』は、二日連続でその第一面に「織物界の覇王『遠《えん》州《しゅう》縞《じま》』」という見出しと、「桐生足利の織物界を凌駕す」の小見出しのもとに、この地域の織物業の急速な発展を伝えている。「最近二三ヶ年此の方断然頭角を現はし年産額一千五百万反を算するに至つた」「従来全国織物界に覇を唱へて居た桐生足利の織物組合さへ年産額八九百反を超えない」「最近数年来全国の織物相場は浜松市場の相場が標準となつた」。この時期、日本有数の綿織物の産地、特に、「遠州縞」として知られた縞木綿の産地として、静岡県浜名郡が登場してきていたのである。

表8　静岡県浜名郡織物業生産額（円）

	白木綿	縞木綿	木綿その他	絹織物	絹綿交織	合計
1904年	81,843	196,842	132,267	3,376	154,393	568,621
1909年	521,139	1,550,731	739,074	6,899	51,993	2,869,836
1918年	2,418,251	12,083,428	2,285,678	34,953	1,452,576	18,273,886

＊静岡県浜名郡役所編『浜名郡誌』（1926，浜名郡役所）所収 p. 367表「織物産額一覧」より集計．

表8は、一九〇四年（明治三七）・一九〇九年（明治四二）・一九一八年（大正七）の静岡県浜名郡の織物生産額（円）を示したものである。その中心を占める縞木綿だけをとりあげてみても、一九〇四年（明治三七）には生産額が一九万六八四二円であったものが、五年後の一九〇九年（明治四二）には一五五万〇七三一円と約七・九倍に増加、さらに、一四年後の一九一八年（大正七）には一二〇八万三四二八円と約六一・四倍に増加している。日露戦後期から第一次世界大戦の時期にかけて、静岡県浜名郡の織物業「遠州縞」は飛躍的発展をしていることがわかる。

では、この時期のこうした発展の理由はどのようなところにあったのであろう。

静岡県浜名郡では、近世後期から明治初年にかけて、農家の副業、家内工業として「遠州縞」の生産が行なわれていた（浜名郡役所 一九二六）。織機は手織機《ておりばた》が中心で、『静岡民友新聞』一九一七年（大正六）九月三日第一面「織物界の覇王『遠州縞』」によれば、足踏式の手織機が普及するようになったのは、ようやく、一九〇六年（明治三

表9　静岡県浜名郡織物業の転換

	工場数(戸)	家内工業織元(戸)	賃織業(戸)	力織機(台)	手織機(台)	職工数(人)
1904年	33	474	1,574	1,049	4,674	4,757
1909年	172	658	2,317	2,545	4,922	7,676
1919年	180	283	371	12,325	1,120	8,700

＊静岡県浜名郡役所編『浜名郡誌』(1926，浜名郡役所) 所収p.367表「機業戸数，機数，職工，一覧」より集計.

九）から翌年にかけてのことであったという。

表9は、一九〇四年（明治三七）・一九〇九年（明治四二）・一九一九年（大正八）の静岡県浜名郡織物業の工場形態を示したものである。一九〇四年（明治三七）の手織機の台数は四六七四台、一九〇九年（明治四二）は四九二二台であり、この時期までは、手織機がいまだ増加傾向にある。しかし、一九一九年（大正八）には一一二〇台に激減している。毎年の統計がないために、正確なことはいえないが、おそらくは、一九一〇年（明治四三）前半をピークとして手織機が急速に減少していったものと思われる。この時期までの「遠州縞」の発展は、足踏式の手織機の普及によってもたらされていたものと考えてよいだろう。

これに対して、一九〇四年（明治三七）に一〇四九台であった力織機は一九〇九年（明治四二）二五四五台、そして、一九一九年（大正八）には一万二三二五台と激増している。こうした力織機の増加について、静岡県工業試験場分場編『業務工程報告』（大正五年度）は、「現今ニアリテハ全然力織機本位ニシテ、手織機、足踏機ナキニアラザルモ、之等《これら》ハ細紐《ほそひも》、夜具地（数色ノ緯切物）等特殊ノ織物ニ限定セラレ、一般織物ハ全部力織機ニ拠ルノ状態トナレリ」とし、力織機が完全に手織機を上まわったことを記している。

一九一〇年代前半、手織機が激減するいっぽうで、かわって、力織機の激増、力織機が織物業界の中心となる時代が到来していたのである。第一次世界大戦の時期、一九一〇年代の静岡県浜名郡織物業界の急速な発展は、こうした力織機、動力による織機の本格的導入によってもたらされたものであった。

問屋制家内工業から工場制機械工業へ

そして、力織機の激増は、この地域の織物業、特に、その生産様式を大きく変えることになった。表9は、織機の変化だけではなく、それを稼働させる工場および家内工業の実態を示している。これによれば、賃織業は一九〇四年（明治三七）一五七四戸、一九〇九年（明治四二）二三一七戸と増加傾向にあったものが、一九一九年（大正八）には三七一戸と激減している。家内工業織元についても同様で、一九〇四年（明治三七）四七四戸、一九〇九年（明治四二）六五八戸と増加していたものが、一九一九年（大正八）には二八三戸と約三分の一に減少している。あたかも、足踏式手織機の導入と増加、および、一九一〇年代前半の激減と対応しているかのようである。

日露戦後から一九一〇年代前半までの「遠州縞」生産は、賃織業にせよ家内工業織元にせよ、集められた女工が、足踏式の手織機によってそれを行なっていたと考えてよいだろう。ひとつひとつの生産規模は小さく、原料の綿糸を問屋から供給され、それをもとに織物を生産し、それを問屋に戻す、問屋制家内工業とでもいうべき段階にあり、すでに、一八九〇年代後半には確立期をむかえていた紡績業と比べて、織物業はその発展段階が遅れていた。

しかし、こうした織物業の遅れも、一九一〇年代前半ようやくにして工場制機械工業へと転換していく。表9によれば、「遠州縞」の生産をめぐって、工場数は一九〇四年（明治三七）には三三戸であったものが、一九〇九年（明治四二）には一七二戸、一九一九年（大正八）には一八〇戸と増加している。あたかも、力織機が急増していくのとほぼ同様の増加であった。

紡績業に比べてのこの織物業の遅れ、および、一九一〇年代前半の織物業の確立は、綿産業全体の分業体制からみても、現実的には、紡績業（原棉→綿糸）と織物業（綿糸→綿織物）のアンバランスな発展があったことを示している。こうした状態については、「染織」史としての服飾史と綿産業史のトータルな研究〔三瓶　一九四九〕、さらには織物業全般をも俯瞰した社会経済史的研究〔三瓶　一九六一〕、大阪紡績会社の分析によっても指摘され〔高村 一九七二〕、また、地域構造の異相にもかかわらず全体としては一九一〇年代における織物業の工場制機械工業への発展が論証されている〔神立 一九七四〕。一八九〇年代後半に紡績業が確立したことよりも、ここでは、綿産業の分業体制全体、インド棉花など輸入棉花を原料とする紡績業と織物業の分業体制が、一九一〇年代前半にそのアンバランスな状態を克服し、双方ともが工業制機械工業へと移行したことに重要性をみとめたい。

「遠州縞」生産を例にとってみたが、一九一〇年代、帝国主義的植民地再分割に本格的に日本が参入した時代、そこにおいてはじめて、綿紡績業だけではなく綿織物業をも含めて、綿産業全体の資本主義的生産様式が確立期をむかえるようになっていたのである。

そして一九一〇年代は、綿産業全体、紡績業と織物業の確立期であるだけではなく、植民地・半植民地である朝鮮・中国東北地方への市場開拓がすすんだ時代でもあった。綿糸・綿布市場として植民地・半植民地が形成されてきているのである。また、第一次世界大戦によるイギリス綿産業の中国市場における弱体化は、中国への資本輸出を行なう契機でもあり、日清戦争後から萌芽的にみられた在華紡（在華日本紡績業）が急増するのが一九一〇年代であった〔三瓶 一九四一〕。そして、一九一〇年代には商社による資本輸出が中心であったのに対して、第一次世界大戦を経て一九二〇年代になると、紡績資本の過剰資本輸出による在華紡設立が本格化する〔高村 一九八二〕。一九一〇年代における綿産業全体の資本主義的生産様式の確立は、同時に、産業資本による帝国主義的進出と軌を一にしていたのである。

「遠州縞」機織女工の労働条件

それでは、こうして急速に発展する一九一〇年代の綿産業、そのうちの織物業界、織物工場で働く女工の労働はどのようなものであったのだろう。

『静岡民友新聞』の記事からそれを明らかにしてみよう（以下カッコ内に出典を注記したものは『静岡民友新聞』の記事である）。

まず指摘されなければならないことは、その労働契約が製糸業・紡績業と同じような年季制度をとっていたことである。織物工場では、「工女を年期《（ママ）》抱へ込みの組織」にし、「工賃を年額前渡しをして工女を使役」していた（一九一七年九月四日第一面「織物界の覇王『遠州縞』」）。労働時間は、「遠州方面では十四時間 殆んど眠る時間がない」状態であり、そのために、女工の身体はそこなわれていった（一九一九年一〇月三日第三面「八時間労働制を製紙場《（ママ）》 女工は偬《ど》う見る?」）。そのために、「工女の多くが気管支炎に冒され次《つい》で恐るべき肺結核、肋膜炎等に罹つて斃《たお》れるものが」あり、また、「子宮降下又は扁平足炎等に罹り」、そのために、「妊娠が不能」となる女工もいるということであった（一九二〇年一〇月三〇日第五面「遠州一万数千の工女の疾病」)。この報告は、機織《はたおり》女工だけではなく、紡績女工をも含めた報告であるが、いまだ劣悪な状態にある女工の労働条件を示している。

しかしこの時期になると、わずかではあるとはいえ、女工の労働条件に改善がみられるようになっていた。「遠州縞」地域だけではなく、静岡県全般を対象としたものであるが、寄宿舎の食事に改善がみられるというのである。「茲《ここ》一二年間に食料の良くなつた事は素晴らしいもので以前は殆んど魚類にした処で月に一二回だつたが今では一週間に二度や三度は呉れる」「以前は麦七分、米三分といふのが多かつたが今では仮令《たとえ》麦を混じても僅か一分位か二分位でそれも漸次混食しない傾向が仄《ほの》めいて来た」(一九二〇年三月三一日第三面「工女さんの鼻息荒く　混食どころか」)。

このような地方新聞においてさえ、女工の労働実態が記事として紹介されるようになっていた。こうしたことじたいが新しい社会現象であり、帝国主義的段階において、女工の身体といのちへの視線が社会的広がりをみせるようになっていたのである。

工場法施行による女工への視線

そして、こうした女工への視線は、一九一六年(大正五)工場法が施行されたこととも関係していよう。高率の乳幼児死亡率と関連させて、工場法を意識した新聞記事さえもが登場するようになっている。

一九一九年(大正八)静岡県工場課の調査によると、「女工の出産したる嬰児の死亡率は普通女子の出産した嬰児に比べて著しく高く」、一歳以内が八・六％、三歳以内が三・〇％、四歳以内が二・〇％であり、「此原因は母体が常に過激な労働に従事して居る影響である事は言を俟《ま》たぬ」が、それは、「工場法の不備に基く結果」ではないかという。たとえば、「産前の女工に対しては何等規定してあるものがない」ので、「残虐な資本家工場主であつて分娩月まで使役するもの」「分娩間際まで使役して居る者もある」というのである（一九一九年四月二二日第三面「女工の産んだ嬰児の死亡率は三割二分」）。女工の乳幼児死亡率の高さを、女工の劣悪な労働環境との関連で指摘し、さらに、それの原因として、工場法の不充分さを指摘しているのである。

一九二三年（大正一二）には静岡県浜松署管内の解雇・離職後の女工の実態調査が静岡県工場課によって実施された。工場法適用二九八工場と工場法非適用六三二工場に工場を分類し（一五人以上の労働者がいる工場が工場法適用工場とされた）、工場法適用工場の女工について、そのほとんどが織物工場の女工であるこの年の解雇・離職者八二八人のうち、女工として再就職した者は三二四人あったが、行方不明の者が三〇八人おり、その「女の大部分は酌婦などに落ちぶれて売春婦の群に投じたものらしい」というのである（一九二三年二月一六日第三面「行方の判らぬ工女の大部分は酌婦」）。紡績女工を対象とした細井和喜蔵『女工哀史』（一九二五）にも同様の指摘があるので、機織女工から買売春の世界に移動する女が多かったことも、このとおりであろう。

工場法が不充分な労働者保護立法であったことはいうまでもない。しかしそれでも、工場法の施行は、原生的労働関係への一定の抑止力として機能し、また、社会が女工への視線を自覚することに大きな役割を果たしていたと考えなければならない。

このように一九一〇年代の帝国主義段階になると、女工の労働環境にいちおうの改善がみられるようになっていたが、さらに、もうひとつの大きな変化があらわれるようになっていた。朝鮮人女工の出現である。

朝鮮人女工の出現

早くも一九二二年（大正一一）には、静岡県浜名郡の「遠州縞」地域において、朝鮮人の機織女工をみとめることができる。「近時朝鮮人の工女として出稼中の者頗《すこぶ》る多く」、朝鮮人女工が多い工場が三工場あり、それぞれ一七人・三一人・二〇人であり、他の工場でも一、二人はいるので、浜松署管内ではすくなくとも二〇〇人以上の朝鮮人女工が働いているのではないかという。彼女らは「言語も通ぜず知人はなく殊に周囲からは不逞《ふてい》鮮人等と同一視の冷たき眼を向けられつゝあるが」、ある工場主の語るには、たいへん勤勉で生活もしっかりしたものであるというのである（一九二二年一月八日第五面「頗る真面目に働く鮮人の工女達」）。

朝鮮人労働者の流入は、女だけではなかった。圧倒的多数は男であった。一九二四年

（大正一三）末、一三〇人余の朝鮮人労働者が東京から流入してきた。彼らの多くは静岡市役所下水道工事場に就くことになったが、「体格逞《たくま》しく過激な労苦に堪え加ふるに賃銀の如きも一円四五十銭」のために、最近は、「体質の劣等で而《しか》も多額の賃金を要求する内地人労働者を馘首《かくしゅ》」して朝鮮人労働者を雇用する工事請負人が増えている。しかしそのために、日本人労働者のなかに失業する者も増えはじめ、静岡市の調査によれば、その数は二〇〇余人に上っている（一九二五年二月二〇日第五面「体格逞しく賃金安い鮮人労働者が歓迎される」）。

一九二〇年代前半、大都市ではなく、静岡県のような地域社会でも、朝鮮人労働者が流入してきていたのである。そのためにこの静岡市では、失業した日本人労働者と就職した朝鮮人労働者との間で乱闘騒ぎさえ起きていた（一九二五年二月二五日第五面「下水道工事場で作業中数名の鮮人と内地人の大争闘」）。しかしこうした事実は、植民地朝鮮から流入してきた労働者が、日本人労働者に比べて、より低賃金かつ劣悪な労働環境に置かれ、それまで日本人労働者によって担われてきた労働現場が、植民地朝鮮から流入してきた朝鮮人労働者によって、とって替わられていったことを意味している。

大阪市社会部調査課編『労働調査報告No.28　朝鮮人労働問題』（一九二四）によれば、一九二三年（大正一二）六月時点での、日本人労働者と朝鮮人労働者との賃金格差は次のようなものであった。ほとんどが男であったと思われる「土方」の「普通」賃金（一日）は日本人が二・五円であるのに対して朝鮮人が二・〇円（日本人の八〇・〇％）、「人夫」の「普通」賃金（一日）は日本人が一・九円に対して朝鮮人が一・七円（日本人の八九・五％）、そして、ほとんどが女であったと思われる「紡績工」の「普通」賃金（一日）は日本人が一・七円に対して朝鮮人が一・二円（日本人の七〇・六％）である。さらにそこには、いわゆるピンハネ、朝鮮人労働者については仲介手数料をとる者がおり、そのために、「彼等の実収は往々彼等に支払はれる金額よりも一割乃至二割の割引を見ることが稀でない」という。

日本人労働者の全体的底上げ、あるいは、労働者内部における階層の出現であった。労働者であることにはかわりなくとも、紹介した新聞記事の言辞からもうかがわれる差別意識をも含めて、それまで被支配階級であった女工やルンペンプロレタリアートであってさえも、その下部に、さらなる被支配階級を持つことになったのである。

朝鮮人女工の労働環境

とはいっても、男の朝鮮人労働者の流入に比べれば、朝鮮人女工は少数であった。大阪市社会部調査課編『労働調査報告No.28 朝鮮人労働問題』（一九二四年）によれば、一九二三年（大正一二）、日本列島全体で合計八万五六一五人の朝鮮人がおり、そのうち男七万四六〇五人（八七・一％）に対して、女一万一〇一〇人（一二・九％）にすぎなかった（統計数値のない県もあるため実数はより多いものと思われる)。全員が労働者であったとはかぎらないが、それでも、一万人余の女の朝鮮人労働者が流入していたことになる。なお、静岡県のばあいは東京・神奈川および京阪神に比べれば少ないとはいえ、合計一四二六人、男一二四九人(八七・六%)、女一七七人(一二・四%)の朝鮮人の存在があげられている。

そして、こうして流入してくる朝鮮人労働者の労働環境にも男女の異相があった。男のばあいは自らあるいは紹介されて労働現場・工場などに就職するものであったが、女工として雇用された女のばあいの多くは、日本人女工の雇用と同じように、募集人が地域を訪問し、事実上集団で雇用されていることであった。そのために、日本人女工と同じように、寄宿舎生活をしながらの労働であった。大阪市社会部調査課編『労働調査報告No.28 朝鮮人労働問題』(一九二四年)には、こうした朝鮮人女工の多い地域として、和歌山県・奈良県・愛知県・兵庫県をとりあげ、それぞれ、和歌山県内女の朝鮮人数四八六人のうち紡績女工四〇九人・その他女工二三人、奈良県内女の朝鮮人数が三四六人のうち紡績女工二三三人・その他女工三八人、愛知県内女の朝鮮人数七四三人のうち紡績女工一四八人・製糸女工三〇一人・機織女工九九人・その他女工三一人、兵庫県内女の朝鮮人数一三八九人のうち紡績女工七八八人・その他女工一二七人がいることを紹介している。

静岡県でも、これほどの多数ではなくとも、一九二〇年代前半には朝鮮人女工が流入してくるようになっていたのである。また、大分県下での同じような一九二〇年代前半の朝鮮人女工の流入を、古庄ゆき子『ふるさとの女たち』（一九七五年）が紹介しているので、この時期、朝鮮人女工の流入は、男の朝鮮人労働者に比べれば少数であったものの、日本列島全域に確実に広がりはじめていたと考えることができる。

こうした寄宿舎生活をする朝鮮人女工の出現は、朝鮮人女工への虐待事件が起こるようになったことにも示されている。

二つの機織女工虐待事件

一九二五年（大正一四）一月、静岡県安倍郡のある織布工場では、朝鮮慶尚南道出身の一八人の朝鮮人機織女工を雇い、「同工場に住込ませ一歩の外出も許さず酷使」していた。前年一〇月には、同じ朝鮮慶尚南道からさらに新しく五人の女工を雇用した。この織布工場では、この五人の女工に対して、「朝は午前六時半だと称して真夜中頃から叩き起」こし、「夜は八時半までと称して十一時頃までも酷使」したため、彼女らは工場外へ逃亡した。やがて、静岡市内の公園で寒さと飢餓におそわれているところを静岡署員が発見、保護されたが、彼女らが話すには、「時計の針を誤魔化」し「毎日二十時間も労働を強《し》ゐ」ていたという（一九二五年一月一二日第五面「非道極《きわま》る工場主　鮮人少女を虐使」）。

いっぽうそれから約一五年前、一九一〇年（明治四三）一月、静岡県浜名郡では、機織女工に対する次のような女工虐待事件が起っていた。前年末、ある織布工場の工場主夫妻が、秋田県出身の女工（一五歳）に対して、「聊《いささ》かの過失ありたりとて制縛殴打し又は頭部より冷水をあびせ」かける虐待を行なったが、さらに、この女工がランプを壊したといって「鉄拳を喰はし」「足を揚げて蹴るやら」「尻を捲《まく》らしめ陰部を露《あらわ》さしむる等の暴状」を行ない、その上、その翌日の朝食中には、「背後より頭髪を握りて面部を食膳に打ち付ける等」の虐待を行なった。また、別の秋田県出身の女工（一六歳）に対しても、「咽喉部を締め顔面を投打し尚ほ焼き焦したる煙管《きせる》を面部に押し当て」る虐待を行なっていたという（一九一〇年一月二八日第三面「工場内は活地獄《いきじごく》」）。あたかも『職工事情附録二』（一九〇三年）に記録されているような暴力的虐待事件であり、それは同年八月二二日の韓国併合から遡って約七ヵ月前のことであった。

この一九一〇年（明治四三）の秋田県出身の女工に対する虐待事件と、一九二五年（大正一四）の朝鮮人女工に対する虐待事件とを比べてみると、身体的暴力と時間的搾取との違いはあるが、こうした不当労働行為の対象が、同じ寄宿舎生活をする女工に対してであっても、一五年間に、日本列島内の他地域出身の出稼女工から、植民地出身の出稼女工へ、変わってきていることがわかる。もちろん、日本人女工への不当労働行為が皆無になったわけではないが、植民地から流入してきた女工への不当労働行為が発生したこと、そこにも日本人女工がより低位の階層に朝鮮人女工を持つようになり、相対的な階層的底上げがあったことをみてとることができるであろう。

そしてまた、帝国主義段階におけるこうした女工および労働者内部の階層分化は、中国大陸へ進出した在華紡《ざいかぼう》における労働実態からも推測することができる。在華紡の女工の多くは、「包身工《パオシエンコン》」と呼ばれる人格的隷属も含まれる労働請負制度のもとに置かれた女工であった〔岡部 一九四一a・一九四一b〕。日本人監督による中国人女工への虐待は日常茶飯事であり、欧米列強および日本の半植民地とされた中国大陸の女工は、日本列島における女工よりも、いっそう強力な労務管理と労働強化に、さらには、低賃金にさらされていた〔松林 一九七四、小野 一九七八a・一九七八b〕。帝国主義段階において、日本人女工は、日本列島内部において、また植民地下に、より下層の労働者階級を持つことになっていたのである。

堕胎の変容と消滅

それでは、このような帝国主義段階にある資本主義的生産関係、日本社会における階層的な底上げのなかで、堕胎はどのように変貌していったのであろうか。再び、堕胎の問題に戻ろう。

堕胎の残存

まずは、これまでもみてきた一九一〇年代から一九二〇年代前半の『静岡民友新聞』から、「遠州縞」機織女工による堕胎の記事をひろってみよう。一九一四年（大正三）一一月静岡県浜名郡で、妊娠した「機業工女」（二〇歳）が、同輩とその伯母の手助けにより堕胎を行なったことが発覚し、浜松署の取り調べをうけた（一九一四年一一月四日第三面「工女の堕胎」）。翌一九一五年（大正四）七月には、浜名郡の「工女」（一九歳）が織物工場横の「便所糞壺内に嬰児を生み落した」ことが発覚し、浜松署分署からの出張取調の結果、堕胎によるものであることが判明したという（一九一五年七月二一日第三面「工女便所で堕胎」）。堕胎した胎児の死体を便所に遺棄した例がもうひとつある。一九二三年（大正一二）二月浜松市の「織布工場工女」（二四歳）が紡績工場に勤める男（二五歳）との間で妊娠し、妊娠五ヵ月になったところで堕胎を行なった。そしてその胎児の死体を浜松市内のある寺院の便所に遺棄したため、便所の「肥汲《こえく》み」がそれを見つけ、浜松署の取調の結果、堕胎事件であることが判明した（一九二三年二月二六日第三面「女工の堕胎発覚」）。また、一九二五年（大正一四）六月、浜名郡に隣接する静岡県磐田《いわた》郡のある織布工場で、そこに働く四人の女工がほぼ同時期に妊娠し、同郡内の「按摩」（五八歳・女）によって手術を受け堕胎を行なっていたことが発覚している（一九二五年六月一六日第五面「一工場内に勤務する四名の女工の堕胎が発見」）。

堕胎常習者の残存

いまだ一九一〇年代から二〇年代にかけては、堕胎を行なう女は多かった。そしてまた、堕胎手術常習者も存在していた。

一九二八年（昭和三）八月磐田郡の四人の子供を持つ女（三八歳）が堕胎を行なったが、その堕胎手術を行なった「按摩」（五〇歳・女）を見付署が取り調べたところ、この二、三年間に五、六人に手術を行なったと供述したという（一九二八年八月四日夕刊第三面「姑の手前嬰児を堕胎す」）。さらに見付署が取り調べを続けたところ、この「按摩」はこの約二〇年間に約一〇〇〇名の堕胎手術を行なっていたことがわかったが、もはや確認不可能であるために、見付署では当惑しているということであった（一九二八年八月一〇日夕刊第二面「驚く可《べ》し、二十年間に約一千名を堕胎」）。

一九三〇年代に入ってすら、堕胎手術常習者の存在があった。一九三三年（昭和八）九月静岡県小笠《おがさ》郡で、困窮している多産の女（三四歳）の堕胎手術を行なった「按摩」（六〇歳・男）が、堀之内署に拘引され取り調べを受けた（一九三三年九月三日夕刊第一面「多産に悩むと聞き老按摩が堕胎手術」）。厳重な取り調べの結果、この「按摩」は堕胎手術常習犯で一二件を自供し、うち一件は堕胎致死であることが判明した。さらに、この「按摩」は二十余年にわたり、一回につき五円から一〇円で堕胎手術を行なっていたことを自供したということであった（一九三三年九月一〇日朝刊第二面「戦慄を禁じ得ぬ堕胎魔〇〇の犯行」）。もっとも、この「按摩」への判決は、懲役一年でありながら執行猶予三年であった（一九三三年一〇月三日朝刊第二面「堕胎按摩執行猶予」）。

アジア太平洋戦争後であってさえも、社会伝承的な堕胎が残存していた可能性すらある。静岡県中部の山間地域で一九四八年（昭和二三）から保健婦をしてきた女性は、保健所に相談におとずれた女たちから、「あんまり子どもができてしまうのでほうずきを使っておろそうとして、破傷風になった人の話など」を聞いたという。また、一九三〇年代半ば、静岡県静岡市の市街地では、「月やくおろし」という堕胎薬とされる薬の看板が非常に目につかいたという。それだけではなく、ある町内には、一九四四年（昭和一九）から一九五七年（昭和三二）ごろまで、この看板を出していた家があったという〔小和田　一九八八〕。

医師による堕胎

このように、一九〇〇年代から一九一〇年代と大きな変化のない、社会伝承的な堕胎および堕胎手術の状態が、一九三〇年代であってさえも、さらには、アジア太平洋戦争後であってさえも、地域社会にはいまだ存在していた可能性すらあった。社会伝承的な堕胎の残存は根深い。

しかし、徐々にではあるが、社会伝承的な堕胎および堕胎手術をめぐり、その消滅へ向けて、変化もみられるようになってくるのが、一九一〇年代から一九二〇年代であった。たとえば、医師による堕胎が増えはじめ、したがって、その手術方法についても、社会伝承的な堕胎というよりも、人工妊娠中絶に近い手術方法がとられるようになってくるのが、この時代である。

一九一三年（大正二）九月二六日に静岡県小笠郡で合計一五人の女に堕胎手術を行なった医師（五〇歳・男）の公判が静岡地裁で行なわれた。そこで次のような堕胎事件が明らかにされたという。この医師は、合計一五人の女の要請により、それぞれ妊娠二ヵ月から三ヵ月で堕胎手術を行なった。その手術方法は、子宮内に金属製カテーテルを挿入するもので、すべて同じ手術方法によるものであった。しかし、この医師は堕胎罪で起訴されながらも、地域住民からは好感を持たれ、公判の傍聴席は地域住民で埋まり、嘆願書まで提出されるありさまで、この医師は懲役八ヵ月の判決を受けたということであった（一九一三年九月二七日第三面「堕胎医師公判」）。

この医師は地域社会における堕胎手術常習者であったことであろう。しかし、堕胎手術方法が医療器具、金属製カテーテルの使用であり、また、妊娠月数も二ヵ月から三ヵ月であり、妊娠月数が少ない時点での手術であったことをみたとき、そこには社会伝承的な堕胎手術との相違があった。堕胎がすこしずつ社会伝承から遊離しつつあったのである。

また、一九一七年（大正六）一〇月には、医師による次のような堕胎事件があった。静岡県安倍郡で夫がカナダへ出稼ぎ中の女（三三歳）が、夫以外の男との間で妊娠したために、産婦人科医（五四歳）により、堕胎手術を受けた。手術料金は四〇円であった。堕胎された胎児の遺体は、女の家の肥溜《こえだめ》に入れられたが、それが江尻署の知るところとなり、取り調べを受け、女は懲役五ヵ月、医師は懲役八ヵ月の判決を受けた（一九一七年一〇月二〇日第五面「胎児を糞溜に投込む」）。

一九二〇年代の例をひとつみてみよう。

一九二三年（大正一二）一一月、静岡県引佐《いなさ》郡の織布工場につとめる女工（二二歳）が妊娠し、医師（五七歳）により堕胎手術を受けた。手術料金は八〇円であった。気賀分署の取り調べによれば、この医師は、すくなくとも数回の堕胎手術を行なっていることが判明したという（一九二三年一一月二三日第五面「手術料八十円の約束で堕胎させた医師引致さる」）。

医師による堕胎では、手術料金が高騰しているのがわかる。従来の社会伝承的な堕胎手術、地域社会で、産婆・熟練の素人や按摩などに堕胎手術を受けるばあいでは、最高額でも一〇円程度、現物による支払いさえもあった。しかし、医師による堕胎手術のばあい、ひとケタ高額の金銭授受が行なわれている。物価の上昇を考慮に入れても、明らかに、堕胎手術料金が高騰している。しかし、医師による手術は、医療器具をいちおう使い、安全でもあったことであろう。低価格で生活に身近な社会伝承的な堕胎手術から、高額ではあるが医学的なそれへと、地域社会の堕胎であってさえも、すこしずつの変化が生まれるようになっていたのである。

また、こうした高額な医師による堕胎手術は、それへの支払い能力のある女たちがあらわれていることを意味している。たとえば、この引佐郡の機織女工は、八〇円もの手術料金を支払っている。女工においても、経済的な底上げが、そこに生じていたと考えなければならない。

産科医の登場

このように、医師が堕胎手術者として登場してきたためであろう、それへの注意が喚起されることもあった。一九二二年（大正一一）九月から一〇月までの二ヵ月間に、浜松市で死産届けが一四件あった。しかし、「之れは表向き届け出でたるものに過ぎないので実際に於ける流産等に拘るものは随分多い見込みである」。そしてそこには、「死産流産等が果してその原因に就ては或は犯罪が潜伏」している可能性もあり、また、「産科医の不徳行為なども随分露骨」になっているので、注意をする必要があるというのである（一九二二年一〇月二七日第三面「私生児の増加が物語る風紀の頽廃」）。

堕胎をめぐり注意するべき対象が、産婆・熟練の素人・按摩などではなく、産科医とされている。堕胎をめぐり、産科医が社会の前面に登場するようになってきたのである。

もちろん、こうした現象は、産科医が出産にかかわりはじめていなければ、起こり得ない現象であった。産科医が地域社会へ普及しはじめていることが、必要条件であった。たとえば、一九二〇年代後半になると、『静岡民友新聞』の広告欄に、産科医の広告を頻繁に見ることができる。いまだ農山漁村地域では、産科医院は地理的にも感覚的にも遠隔の存在であったことであろう。しかし、徐々にではあれ、産科医院が地域社会に登場しはじめるのがこの時代でもあった。

表10　1926～1930年（5年間）の堕胎手術者の職業

職　業	件数	%
医　　師	64	10.8
産　　婆	49	8.3
薬 剤 師	2	0.3
取 上 婆	188	31.9
売薬業者	22	3.7
按摩・鍼灸業者	34	5.8
そ の 他	231	39.2
合　　計	590	100.0

＊櫻井忠男「堕胎罪に就て」（司法省調査課『司法研究』第15輯，1932年3月）所収第7表「自大正15年至昭和5年　5年間 堕胎施術者の職業調」（pp. 209-212）より作成.

堕胎の変容

表10は、一九〇〇年代から一九一〇年代とは異なる、こうした堕胎の変化を全国レベルであらわすものである。さきに見た岡本梁松の「本邦ニ於ケル堕胎ニ関スル統計的調査ノ一斑」では、医師が堕胎手術者であったばあいは、三二〇件中わずかに五人（一・六％）にしかすぎなかった。しかし、一九二六年（大正一五・昭和一）から一九三〇年（昭和五）までの堕胎手術者の職業統計を調査したこの表10によると、五九〇件中六四人（一〇・八％）が医師であり、急増する傾向がある。

それに対して、産婆は五九〇件中四九人（八・三％）と減少している。五九〇件中一八八人（三一・九％）に及ぶ「取上婆」つまりはトリアゲバアサンは、熟練の素人であるから、これについては大きな変化はみられないが、医師が増加し、産婆が激減する、そのような傾向がみられるのである。産婆については、一八九九年（明治三二）の「産婆規則」がようやく軌道に乗りはじめ、熟練の素人と、「産婆規則」による助産婦としての近代産婆の境界が明確になりつつあったことを示すといえるかもしれない。また、堕胎手術を行なわない近代産婆が定着するようになっていたということもできよう。

そして、表11は、一九二六年（大正一五・昭和一）から一九三〇年（昭和五）までの堕胎手術方法についての統計である。全六二六件中、ホオズキを挿入する一一九人（一九・〇%）・フキを挿入する七〇人（一一・二%）・棒状の竹・木・草などを挿入する二三九人（三八・二%）というように、従来からの社会伝承的な堕胎手術方法もいまだ多い。しかし、掻爬《そうは》方法一七人（二・七%）・ブージーラミナリヤ挿入四八人（七・七%）・その他医療器具使用四六人（七・三%）といったように、医療器具を使った堕胎手術が全体の二〇%弱を占めるようになってきている。これらの多くは産科医による手術で

表11　1926～1930年（5年間）の堕胎方法

方　法	件数	%
ホオズキを挿入する	119	19.0
フキを挿入する	70	11.2
棒状の竹・木・草を挿入する	239	38.2
針金・火箸などを挿入する	17	2.7
掻爬方法	17	2.7
ブージーラミナリヤ挿入	48	7.7
その他の医療器具使用	46	7.3
薬品使用	37	5.9
揉み下しその他類似の方法	22	3.5
不　明	11	1.8
合　計	626	100.0

＊櫻井忠男「堕胎罪に就て」（司法省調査課『司法研究』第15輯，1932年3月）所収第6表「自大正15年至昭和5年 5年間 堕胎方法調」（pp.206-209）より作成.

あろうから、社会伝承的な堕胎ではなく、産科医による人工妊娠中絶とでもいうべき手術が、増加しはじめていることが明らかにうかがわれる。

社会のもっとも基底において、いのちをめぐる近代化が、ようやくにして動きはじめるようになっていたのである。

あたかもそれは、死産率の低下の時代と対応関係を持つかのようである。すでにみた表6で、近代日本における死産率が最高値を示すのは一九〇六年（明治三九）の九・七%であり、一九〇一年（明治三四）から一九〇七年（明治四〇）までは一九〇五年（明治三八）の八・九%を除き九%台を推移していた。ようやくにして九%台を割り込むのが一九〇八年（明治四一）の八・九%であり、八%台を割り込むのが一九一二年（明治四五・大正一）の七・八%、七%台を割り込むのが一九二〇年（大正九）の六・六%、六%台を割り込むのが一九二四年（大正一三）の五・九%であった。一九一〇年代から一九二〇年代は、死産率が急速に低下していく時代でもあった。

近代産婆の定着

「変つた生活」

このようないのちの近代のおとずれは、一九二〇年代、堕胎手術者としての産婆が急速に減少し、いのちを生み出すプロフェッショナルとしての助産婦、近代産婆が定着するようになったことに、もっとも典型的にあらわれている。一八九九年（明治三二）の「産婆規則」がようやくにして機能するようになったともいえよう。

この近代産婆の定着過程についても、静岡県を例としてみていってみよう。

一八九九年（明治三二）勅令として制定された「産婆規則」にもとづき、静岡県では、翌一九〇〇年（明治三三）三月八日県令第二〇号として「産婆規則施行細則」が定められた。この「産婆規則施行細則」では、産婆の登録は「所轄郡市役所町村役場ヲ経テ県庁ニ出願」し（第一条）、産婆は郡市を単位とした「組合ヲ設ケ県知事ノ認可」を受けることが義務づけられている（第三条）。しかしそのいっぽうで、「産婆ニ乏シキ地ニ於テハ産婆規則第十九条ニ拠《よ》リ産婆ノ業ヲ許可スルコトアルヘシ」（第五条）、「産婆規則第十八条ニ依リ産婆名簿ニ登録ヲ受ケントスル者ハ（中略）所轄郡市役所ヲ経テ県庁ニ出願スヘシ」（第六条）とされ、「産婆規則」における従来の産婆を容認する第一八条・第一九条が、県レベルの施行細則でも活かされることになっていた（静岡県 一九一〇）。これまで見てきたような、地域社会における従来の産婆の残存が、この施行細則によって認められていたことがわかる。なお、静岡県のばあい、この「産婆規則施行細則」と同日の一九〇〇年（明治三三）三月八日県令第二二号として「産婆試験規則施行細則」が定められ、年二回産婆試験を実施することが決められている（静岡県 一九一〇）。

もっとも、プロフェッショナルとしての近代産婆はすぐには定着しなかった。たとえば、一九一〇年（明治四三）二月から三月にかけて、『静岡民友新聞』の第三面では、「変つた生活」というタイトルで、多様な職業人の連載が行なわれたが、その第一三回（三月六日）と第一四回（三月八日）は、産婆であった。静岡県で「産婆規則施行細則」が定められてから一〇年後であってさえも、プロフェッショナルとしての産婆は「変つた生活」と認識されていたのである。

これらの記事は、一九一〇年（明治四三）時点での静岡市街地の産婆を次のように伝えている。

多々良梅庵《たたらばいあん》という医師が、一八九四年（明治二七）静岡市内の自宅に産婆養成所を開設、それを一八九六年（明治二九）産婆学校に発展させるとともに、産婆組合を組織した。現在では、その長男の多々良玄が産院とこの静岡産婆学校の運営を行なっている。産婆組合所属の産婆数三五人、産婆学校生徒も七、八人がいる。また、静岡市街地には、産婆組合に所属する何人かの産婆がいるが、この半年間で、田辺よねが約一八〇人、佐藤つじが約一九〇人、増田よしが約一七〇人、坂田れい・杉山もと・朝倉やすが約一〇〇人、田辺ふじが約九〇人、他の産婆は五〇～六〇人の子供をとりあげているという。

いまだ市街地およびその周辺にすぎなかったと考えられるが、近代産婆の先駆とでもいうべき女たちが登場しはじめていたのである。

産婆学校の簇生

もっとも、こうした近代産婆の登場には前提条件があった。一年二回実施される産婆試験に合格しなければならず、そのために、産婆になろうとする女は、産婆学校に通い（あるいは医院併設がほとんどであったため住み込み）、一定程度の経験と知識を身につけ、産婆試験を受けることになっていた。産婆学校が各地に開設されるようになっていたのである。いまみた、多々良梅庵によって創設された静岡産婆学校は、静岡県でもっとも早くに開校された産婆学校であった。

表12は、一九三〇年代に静岡県下に存在した産婆学校一覧である。一八九九年（明治三二）の「産婆規則」を承けて、静岡県では翌一九〇〇年（明治三三）「産婆規則施行細則」および「産婆試験規則施行細則」が定められたあと、多くが一九〇〇年代から一九一〇年代にかけて、そしてそのほとんどが産科・婦人科医院に併設される形態で産婆学校が設立されている。

これらのうち、駿陽産婆学校を例にとってみると、入学資格は小学校卒業の一六歳以上の女子で修業年限は一年、授業は夜間で午後六時から午後九時までであった。この駿陽産婆学校は佐橋産科・婦人科医院に併設されていたため、教師は医院長・副医院長のほか、解剖学は外科医が、小児科学を小児科医がそれぞれ担当していた。もっとも、開校した一九一一年（明治四四）から一九一四年（大正三）ごろまでは生徒数も少なく、徐々に増加し、最盛期は一九二四年（大正一三）から翌年にかけてであったという。また、一八九六年（明治二九）開校の静岡産婆学校のばあいは、開校したといっても、当初は学校とは名ばかりで住み込みの見習い産婆と通学生が二～三人いる程度であった。修業年限は一年であったが、最盛期は一九三一年（昭和六）から翌年ごろで、その時期の生徒数が約三〇人であったという〔日本助産婦会静岡県支部　一九六六〕。

表12　静岡県下産婆学校一覧

No.	校　名	所在地	開校年月	閉校年月	備　考
1	静岡産婆学校	静岡市	1896年(明治29)	アジア太平洋戦争後閉校	多々良産科・婦人科医院併設
2	藤掛産婆養成所	田方郡三島町	1897年(明治30)頃	1902年(明治35)閉鎖	藤掛医院併設
3	内田産婆学校	浜松市	1897年(明治30)頃	1943年(昭和18)閉校	内田医院(女医)併設
4	私立富士郡産婆看護婦養成所	富士郡吉原町	1900年(明治33)	1941年(昭和16)閉鎖	産婆秋元きん設立
5	池田産婆学校	田方郡三島町	1907年(明治40)	1918年(大正7)閉校	池田医院併設
6	駿陽産婆学校	静岡市	1911年(明治44)	1940年(昭和15)静岡大火消失．再建後1945年(昭和20)静岡空襲消失．同年12月閉校	佐橋産科・婦人科医院併設
7	駿豆産婆学校	駿東郡沼津町	1913年(大正2)	アジア太平洋戦争後閉校	桑原産科医院併設
8	秋山産婆学校	静岡市	1914年(大正3)	アジア太平洋戦争後閉校	秋山産科・婦人科医院併設
9	栩木産婆学校	浜松市	1915年(大正4)	1944年(昭和19)閉校	栩木医院併設
10	田口産婆学校	清水市	1917年(大正6)	1944年(昭和19)閉校	田口医院併設
11	馬淵産婆学校	浜松市	(1910年代)	(不祥)	馬淵医院併設

＊日本助産婦会静岡県支部編『静岡県助産婦会史』(1966，日本助産婦会静岡県支部出版部) 第3章第3節「県下の産婆学校」(pp.54-59) より作成．

このような医院に併設された産婆学校、その医院の医師が教師をつとめたものであろう、こうした産婆学校で学んだ女たちが、産婆試験に合格し、近代産婆として開業するようになっていったわけである。

「職業婦人」としての近代産婆

それは「職業婦人」としての近代産婆の誕生とでもいってよいだろう。『静岡民友新聞』一九一九年（大正八）五月二一日第三面「産婆熱に浮される」は、こうした状況を次のように記している。「元来本県下の産婆は看護婦と違つて受験者数も非常に尠《すく》なかつたのであるが最近では産婆も却々《なかなか》に多数になつて来た」。というのは、「産婆は一《ひ》と産に大概五円とお祝儀を貰ふ役徳《ママ》があるので、看護婦でも産婆でも一ケ月平均三十五円から五十円位までの収入のある者がザラにある」ので、「若い女は一種の病的のやうに産婆熱に浮かされて居る」。そして、「産婆の受験者と云へば近頃では十八歳位から二十四五歳までの若い女が殆んど全部を占めて居る」というのであった。

たとえば、その五年後の一九二四年（大正一三）一〇月一三日・一四日、県議事堂を会場として行なわれ、一五日に筆記試験の合格発表が行なわれた同年二回目の産婆試験は、受験者数が二一二人（志願者二三九人・二七人欠席）にのぼった。そのうち合格者数は九九人（合格率四六・七％）で、翌一六日が実地試験であった。受験者のなかには、静岡県内だけではなく、大阪府・三重県・愛知県・長野県などからの受験者もいて、不合格者のなかには、他府県の産婆試験を受験する者もいるということであった（一九二四年一〇月一六日第五面「試験場へ罷《まか》り出《いで》たる産婆さんの玉子が二百十二名」）。

このように、一九一〇年代から一九二〇年代にかけて、産婆学校の普及とともに、「職業婦人」としての近代産婆になるべく、女たちが産婆試験をめざすようになっていた。そのために、「産婆規則」では産婆の条件が二〇歳以上の女子と決められているものの、産婆試験の受験資格については規則がなかったために、わずか一七歳で合格する女も登場している。一九二五年（大正一四）五月、同年一回目の産婆試験合格者約九〇人のなかに一七歳の娘がいた。彼女は一九二二年（大正一一）三月庵原《いはら》郡の小学校を卒業、その後秋山産婆学校へ入学し勉学にはげんでいたが、一九二五年（大正一四）の第一回目の産婆試験に合格したというのである（一九二五年五月四日第三面「一度の試験に合格した僅か十七歳の産婆さん」）。もっとも、「産婆規則」の年齢制限があるので、彼女がすぐに開業できたかどうかについては不明である。

一七歳のこの娘は極端な例であったかもしれないが、若い娘たちがその職業として、プロフェッショナルとしての産婆を希望するようになっていた。従来の社会伝承的な産婆、熟練の素人といってもよい従来の産婆とは、社会的機能が大きく異なる、近代産婆の誕生

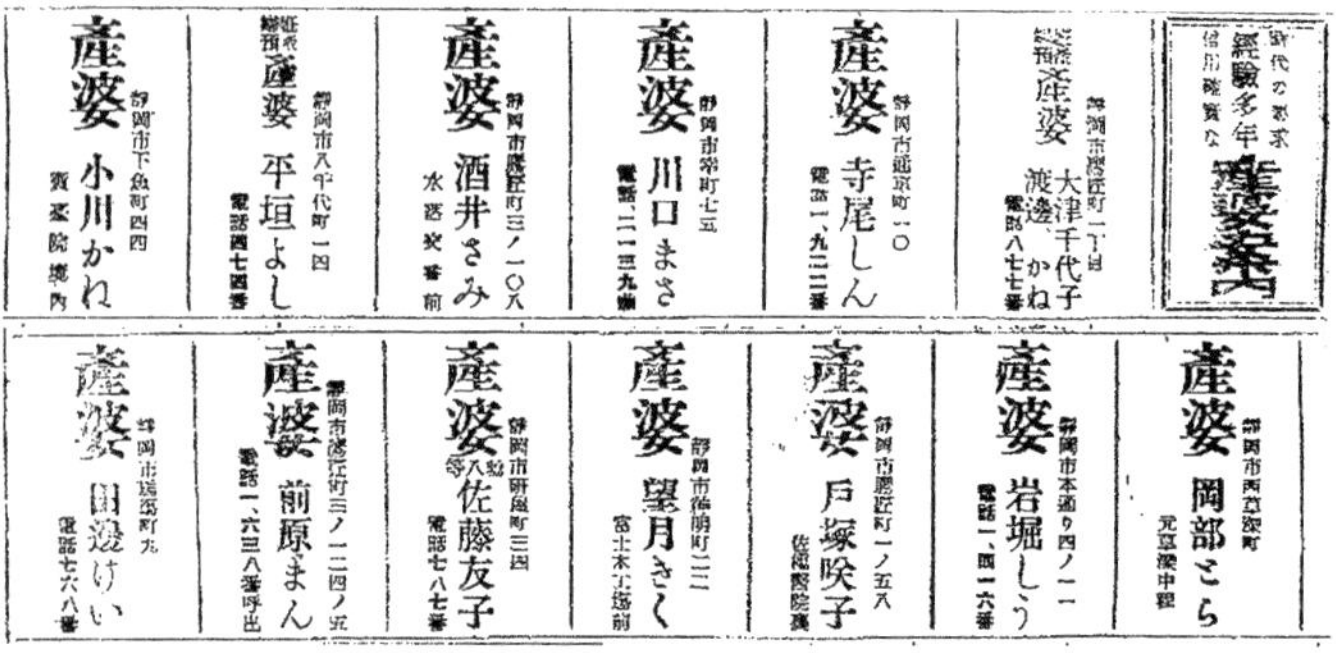

図　産婆広告

と普及が一九一〇年代から一九二〇年代であったのである。

『静岡民友新聞』一九二六年（大正一五）八月一八日朝刊第五面広告欄には、静岡市街地で営業する産婆一三人による産婆広告さえもみることができる。図がそれであるが、「時代の要求 経験多年 信用確実な 産婆案内」というキャッチコピーのもとで、産婆の氏名と住所が記され、一三人中八人は電話番号をも記している。市街地とはいえ電話の普及のごく早い時期のものであろう。こうした広告、電話の設営をとってみても、「職業婦人」としての近代産婆が市街地から徐々に定着しつつあったことがうかがわれる。

このように、「職業婦人」としての近代産婆が定着しつつあるなかで、たとえば、一九二三年（大正一二）四月一日現在の静岡県下産婆総数は七一三人を数えるに至った。静岡県のばあい、一九〇〇年（明治三三）の「産婆規則施行細則」により、郡市単位で産婆組合設立が決められていたので、その各郡市一五産婆組合に所属する産婆総数がこれであった。やがて静岡県では、一九二八年（昭和三）三月、この各郡市一五産婆組合の連合組織として静岡県産婆会が設立されている〔日本助産婦会静岡県支部　一九六六〕。

「巡回産婆」

このように、一九一〇年代から一九二〇年代、最初は市街地からであるとはいえ、近代産婆が定着するようになると、彼女らによる出産をめぐる医療・衛生管理が行なわれるようになる。彼女らが堕胎に関与することはほとんどなかったと考えなければならない。

たとえば一九二〇年代、静岡市では、「巡回産婆」といい、産婆が市街地の妊産婦のもとを巡回し、出産のみならず産前・産後においても、産婦および乳幼児の医療・衛生にたずさわるようになる。静岡市衛生課からの依頼によるものであったが、現在でいえば、保健師が行なう仕事をも産婆が行なっている。

一九二二年（大正一一）六月静岡市衛生課からの依頼により、杉本そよ子という産婆が、妊婦・乳幼児保護のために、市街地の妊産婦のいる家を訪問しアドバイスを行なうという「巡回産婆」をはじめた。それによれば、市街地の「大抵中流の御家庭」は「衛生上其他別段御注意申上げる事はございません」。ただ、たまたま「塵芥《ごみ》掃除《そうじ》人夫のお内儀《かみ》さんに出会ひました」「身重の体で労働して居られるので診察して上げた上種々御注意もいたしました」。また、ある家で「姙婦が赤痢に罹り去る七日に分娩し乳児は母乳で育て、居る」ので乳児の保育について注意をする予定であるということであった（一九二二年六月一〇日第三面「静岡市で新たに設けた産婆さんの市内巡廻開始」）。

そして半年後、この杉本産婆による「巡回産婆」の成果は次のようなものであった。四四人の妊婦（食べ物一八件・衣服二三件・清潔方法二一件・疾病二九件・運動および労働三一件）、産後の二〇〇人の女（食べ物一六六件・衣服三三件・清潔方法一一七件・疾病一三四件・運動および労働一七九件）、乳児を持つ七七三人の女（食べ物六八七件・衣服一九九件・清潔方法二四五件・疾病二五一件・ケガ一四三件）に対して注意を行ない、同時に、一七三人に対しては必要に応じた処置を行なった。そして彼女が話すには、産後、「嬰児の臍の緒の処置を充分にせず出血させたり」「乳の不足して居るにも拘らず気が付かなかつたり」するばあいが多いので気をつけたいという（一九二二年一一月一四日第三面「嬰児の保健に注意が不充分である」）。

このような保健師の仕事でもいうべき「巡回産婆」は、やがて市街地から周辺農山漁村地域へも広がりをみせていく。静岡市周辺の「山間部に於ける産婦の衛生に就ては旧来の習慣による取上婆さんの手にまかせてあるので非常に寒心すべき状態に置かれて」いる。

たとえば、「先頃安倍郡○○村△△では産褥熱のため三人も斃《たお》れてゐる」。そこで、従来から安倍郡役所では「巡回産婆」設置を行なおうとしてきたが、一九二五年（大正一四）一一月から大谷村・久能《くのう》村で「巡回産婆」を設置し、近く賤機《しずはた》村・大川村でも設置する予定であるが、この「巡回産婆」は、妊娠四ヵ月の妊婦を登録し、その妊婦のもとを産婆が訪問し診療するというものである（一九二六年二月五日第五面「死亡率の多い山間部の産婦」）。

しかし、このように、近代産婆が定着しつつあるとはいっても、農山漁村のなかには、いまだ無産婆村は多かった。一九三二年（昭和七）静岡県が

無産婆村

無医村・無産婆村の調査を行なった結果、県下には無医村が四八ヵ村、無産婆村が九一ヵ村あった（一九三二年五月一三日朝刊「医師のない町村四十八　産婆のない町村九十一」）。

そこで記録された無産婆村について、それが一九三〇年代前半の時点で、どのような村であったのかというと、静岡県東部・伊豆地方の四郡をとりあげてみると、賀茂郡（城東村・中川村・朝日村・安良里《あらり》村・南崎村・宇久須《うぐす》村・三坂村）、田方《たがた》郡（錦田村・北上村・西浦村・中大見村）、駿東《すんとう》郡（浮島村・須山村・泉村・深良村・富岡村・北郷村）、富士郡（原田村・富丘村・上井田村・白糸村・柚野村）であった。

全体的傾向としては、山村と漁村が多い。しかし、駿東郡浮島村は浮島沼という低湿地帯によってさえぎられていたものの近距離に東海道線原駅があり、同じく駿東郡泉村・深

良村は、難工事で知られた丹那トンネルが開通（一九三四年）する以前は東海道線が通る地域であった（現在は御殿場線）。農村とはいえ、都市文明に隣接した地域でさえも、一九三〇年代には、いまだ無産婆村が存在するばあいがあったことになる。

一九一〇年代から一九二〇年代にかけて、近代産婆は急速に広がり、定着しつつあった。しかし、そうではあっても、それは地域全体におよぶまでには至ってはいなかったといえよう。それでも、逆説的にいえば、こうして無産婆村を話題とすることじたいが、近代産婆が一般化してきたことを意味している。一九三〇年代は、近代産婆が出産をめぐり支配的地位を獲得した、そうした時代であり、逆に、従来の社会伝承的な産婆・熟練の素人、トリアゲバアサンが、出産をめぐる支配的地位から転落した時代であったと考えることができるかもしれない。

ジェンダーとしての近代産婆

そして、こうした近代産婆の定着は、ジェンダーとしての近代産婆の形成とでもいうべきか、出産をめぐり男産婆が排除され、産婆イコール女という固定観念が定着する過程でもあった。そもそも、一八九九年（明治三二）の「産婆規則」は産婆の資格を満二〇歳以上の女子に限定しているので、近代産婆は、制度上、男を排除している。

しかし、すでに見たように、堕胎手術者には、産婆や熟練の素人のほかに、男の按摩および鍼灸師などがあった。当然、出産を介助する彼らもいたことであろう。しかし、近代産婆の定着は、こうした男の按摩・鍼灸師を出産をめぐる世界から脱落させていく過程でもあった。

たとえば、静岡市産婆組合を創設しその初代会長となったのは、高田城浪《じょうなみ》という盲目の男であった。この高田という人物は「産にかけては神のごとく万人に思はれて居た」（一九一〇年三月六日第三面「変つた生活　十三」）という。また、榛原《はいばら》郡産婆会長をつとめる福田周蔵（七〇歳）という盲目の産婆が、男であるということで、一九二二年（大正一一）九月、県衛生課からその認可をめぐり問題とされた。しかし、この福田周蔵は一八八五年（明治一八）から開業してきたために、県衛生課が内務省に問い合わせたところ、内務省が公認するように指示したということであった（一九二二年九月二三日第三面「問題とされた本県の男産婆を公認」）。

郡市の産婆会長を盲目の男がつとめていたこと、こうした事実じたいが、「産婆規則」浸透以前には、男の産婆が地域社会に存在し、しかも有力な産婆であったことを示している。また、彼らが盲目であることから、按摩あるいは鍼灸師であった可能性もある。

しかし、一九二〇年代前半、この男産婆は、榛原郡産婆会長でありながら、県衛生課からその営業を問題とされた。この時期、単に制度上だけではなく、産婆といえば女であるとする、そうした固定観念が完成されつつあったと考えてよいだろう。

出産をめぐり、その生をつかさどる境界に位置したかつての産婆、熟練の素人、按摩・鍼灸師など、彼ら・彼女らは男女混淆であった。そしてその彼ら・彼女らにおいては、出産と堕胎の管理双方が行なわれていた。しかし、そうした状態から、一九一〇年代から一九二〇年代にかけて、出産のみを目的とする女のみの近代産婆へと、生の管理が転換するようになっていた。

堕胎の消滅と表裏一体であるかのような近代産婆の定着、それによる、いのちの近代の定着は、ジェンダーとしての近代産婆の形成と軌を一にしていたのである。

いのちの近代

また、「職業婦人」としての近代産婆という視点からすれば、女の経済的独立ということだけではなく、女を産婆学校に通学させ勉学させることのできる経済的余裕を持つ人たちが増えてきたこと、さらには、近代産婆による出産に対して金銭を支払うことのできる経済的余裕のある社会が形成されてきたこと、こうした社会全体としての経済的底上げが背景にあったと考えなければならない。

植民地を持ち帝国主義段階にある日本社会、そのトータルな階層的浮上、そうした条件がジェンダーとしての近代産婆およびいのちの近代を確立させる背景にあった。一八九〇年代から一九〇〇年代にかけての資本主義的生産様式の確立、その段階では、いまだいのちは前近代といってよかった。社会経済的には近代化がすすんでも、いのちは前近代的、社会伝承的な生活のなかにあった。しかし、そうしたズレが、一九一〇年代から一九二〇年代にかけて、帝国主義段階に入った時代、はじめて解消に向けて展開されるようになっていたのである。いのちの近代、あるいは、人間の生存する権利、もっとも基本的領域での近代的な人権が、生活のなかでようやく保証されつつあるようになったといってもよいかもしれない。

しかしそれは、階層的には、植民地下の人たちを持ったこと、より低位な階層を持ったことによって、はじめて達成された人権であった。逆説的な表現になるかもしれないが、植民地下に人権とは無縁の人たちを持つことにより、日本社会は、彼ら・彼女らとの相対的関係において、いのちというもっとも基本的領域での近代的な人権を獲得することができたように思われてならないのである。

犯罪となったヨバイ

そして、こうした堕胎と出産をめぐる現実と観念の転換は、性をめぐるそれらの転換とも軌を一にしていた。かつて堕胎をめぐっては、それと表裏一体であるかのように、社会伝承的な男と女との間の性が存在していた。そして、ヨバイによった妊娠であったために、堕胎に至ったばあいすらあった。しかし同じように、この時期、ヨバイも消滅していくのである。

たとえば、一九二〇年代後半から一九三〇年代に入ると、ヨバイが事件として、新聞記事とされるようになる。ヨバイがふつうの生活習慣、社会伝承であった時代には、それが事件として記録されることはなかったことであろう。ヨバイが否定的な性として新聞記事に登場してきているのである。

一九二九年（昭和四）九月一〇日静岡県小笠郡北部の農村で、二六歳と二四歳の二人の若者が住居侵入の嫌疑で掛川署の取り調べをうけた。それによると、同年五月から八月にかけて、お茶摘みさんの女たちのところへ、毎晩のようにヨバイに行き、それが地元駐在所の知るところとなり、取り調べをうけることになったものであり、掛川署では検挙する方針であるということであった（一九二九年九月一四日夕刊第一面「村の青年がする悪習を一掃の計画」）。

この地域のお茶摘みさんは、若い娘たちがグループとなり、チャバラ（茶原）と呼ばれる茶園のお茶摘みに、平野部から徐々に山間部へと移動して行くものであった。もちろん、現在のような機械摘みではなく、手摘みの時代である。平野部は温暖であるために新芽が早く、山間部へ向かうほどに時期が遅れる。そこで、お茶摘みさんの娘たちはグループとなり、平野部から山間部へ徐々に移動して、賃取りをしていた。そのお茶摘みさんの娘たちのところへ、若者がヨバイに行っていたのである。お茶どころの静岡ならではの民俗事象であるが、そうしたヨバイの民俗事象が、住居侵入で摘発されるようになっていた。

またその翌年、一九三〇年（昭和五）六月一九日安倍郡安倍川中流域の農村で、若者七人が地元駐在所から、窃盗の嫌疑で取り調べをうけた。彼らも、お茶摘みさんの娘に対してヨバイを行なっていたが、ヨバイを行なういっぽうで、現金などを盗んでいた。ある家からは五〇〇円を盗み、また、彼らは、静岡市街地の映画館前で、自転車用のナショナル製電灯を盗みとり、それをヨバイ用に使っていたということであった（一九三〇年六月二一日夕刊第一面「茶摘女の寝所を襲ふ七人組の赤シャツ団」）。

お茶摘みさんへのヨバイが、ここでは、窃盗を行なうまでにいたっている。若者と娘との間の性、ヨバイが、住居侵入で摘発されたり、ヨバイついでに窃盗を行なう若者が登場し、ヨバイが変質してきているのである。ヨバイの性が否定され、また、犯罪を生む温床と認識されるようになってきたともいえよう。

ヨバイの崩壊

ヨバイの崩壊であった。

一九三四年（昭和九）五月一〇日小笠郡の農村で、三二歳の男が、裁縫女学校寄宿舎で生活する女教員のところへヨバイに行った。しかし未遂に終わった。この男は地元堀之内署に住居侵入罪で検挙され、翌月静岡地裁浜松支部で罰金三〇円の判決がおりた。取り調べによれば、この男は既婚者で、その妻は妊娠中であるということであった（一九三四年五月一六日夕刊第一面「夜這ひ就縛」、一九三四年六月一五日夕刊第一面「笑ひ得ぬ悲劇　性の不満」）。

既婚者が同じムラの娘ではなく女教員へヨバイに行くようになっている。そして男は、住居侵入で検挙されていた。

もうひとつ犯罪となったヨバイの例をみてみよう。

一九三四年（昭和九）七月同じ小笠郡の農村で、二二歳の若者がヨバイを行なったとして地元堀之内署に検挙された。取り調べによれば、この若者は同年五月から、最初一八歳の娘のところへヨバイに行ったのをはじめとして合計五回のヨバイを行なった。そのうちの一回は一八歳の小学校女教員のところへヨバイに行き未遂に終わり、また、地元小学校に侵入して一〇円余を盗んでいた。この農村地域では、「未だ昔の風習が残り」、この若者だけではなく、いまだヨバイを行なう若者が多いということであった（一九三四年七月一八日朝刊第二面「遠州〇〇村の小使　悪友と夜這を働く」）。

「未だ昔の風習」が残存してはいた。しかし、その性の民俗事象が犯罪となり、これらの新聞記事のように、否定的な認識のなかにおかれるようになっていた。一九一〇年代から一九二〇年代を転換点として、一九三〇年代は従来からの社会伝承的な性が崩壊していく、そうした時代であったと考えてよいだろう。もちろ

生と性の近代

ん地域差もあり、こうした社会現象およびそれをめぐる観念の変化は緩慢であったことであろう。

しかしおおむね、日本の社会経済が帝国主義的な膨張を続ける一九一〇年代から一九二〇年代を転換点として、生と性の現実およびそれらをめぐる観念が、従来の前近代的な社会伝承的なそれらから、近代的なそれらへと、生活のもっとも基底のレベルにおいても転換を決定的にしたのが、一九三〇年代であったように思われてならないのである。一国内にとどまる資本主義の展開ではなく、植民地支配を行ない、資本輸出および植民地からの収奪を行なう帝国主義段階において、生と性に代表される生活のもっとも根本的領域が近代への道を確定していた。やがて日本は戦争の時代へと向かうが、戦争という激震はあったにせよ、こうした根本的領域の近代は、もはやゆらぐことなく、現代に継続しているように思われてならないのである。

二種類のいのちと人権――エピローグ

いま、先進資本主義諸国、特権的なアメリカを中心に日本も含まれる数カ国の近代国家が牽引する世界秩序は、どこかそれが自明視されている。先進資本主義諸国の論理・倫理に疑問が提出されることは少なく、そのなかで、世界秩序が動いている。たとえば、北朝鮮の核保有・核査察が問題とされることがあっても、核の超大国アメリカの核保有・核査察が問題とされることはない。アメリカがイラクで劣化ウラン弾を使用しても、それが問題とされることは少ない。というよりも、そうした問題に対して、正確な情報が提供されることすら少なく、先進資本主義諸国がヘゲモニーを握る世界秩序は所与の前提とされ、現代社会は動いている。

そして先進資本主義諸国、また、それのひとつに含まれるこの日本社会では、人間のいのちとそれをめぐる人権はおおむね保障されている。陰鬱な不景気におおわれ、新たな階層分解が拡大し、社会保障制度が動揺させられている現在でも、それらは、かろうじて維持されている。しかしいっぽうで、それらの価値など想像すらできない社会が、この地球上に存在している。アジアの、アフリカの、また、中・南アメリカのなかに。また、他の地域にも。たとえば、祝福されて生まれることのできる日本の子供たちがいるいっぽうで、そうありたくともそれがかなわない子供たちがこの地球上に存在している。難民キャンプを想像するだけでよい。そこにいる子供たち、そこにいるその親たちも。

なぜ、いまの地球上には、こうした二種類のいのちと人権、いのちがいのちとして認められている社会と、そうではない社会とが存在するのであろう。そしてまた、こうした二種類のいのちと人権がいまの地球上に存在することは偶然なのであろうか。両者が相互に密接な関係性の上に成立していると考えることはできないだろうか。

本書は、こうしたいまの地球上に存在する二種類のいのちと人権、そして、日本がそれらを認知し前提とした社会であること、そのようになった原点を、一九一〇年代を嚆矢《こうし》として一九二〇年代から三〇年代の帝国主義段階、帝国主義国の一環として世界秩序を形成する主役のひとりに成り上がった段階にもとめようと考えた。軍事的侵略にとどまらず、資本輸出による帝国主義段階がおとずれる時点で、日本社会の最下層であっても、より低位の階層を植民地社会に対して持つこと、それがいのちと人権の保障の原点であると考えた。しかしそれは、それとの相対的関係において、いのちと人権が保障されない社会を生成させることでもあった。いのちと人権が保障された社会の形成とは、そうではない社会をも必然的に生む。あるいは、民主主義はそうならざる世界を必然的に生むことにより形成されるのではないのか。たとえば、いわゆる大正デモクラシーとは、そうならざる社会をその内部に持つことにより形成されたものではないのか。

＊　＊　＊

こうした考えのもとで、ここでは、従来の日本の歴史学が自明のこととしもはや疑問を提出することすらない―たとえば旧講座派（封建派）および旧講座派系などの―資本主義分析に対して、疑問を提出しようとも考えた。一九三二年（昭和七）五月に刊行がはじまり翌年八月に終わる『日本資本主義発達史講座』（岩波書店）の諸論考をひもとくと、帝国主義段階に到達している資本主義についての分析は弱い。『講座』に発表した論考をまとめた山田盛太郎『日本資本主義分析』（一九三四、岩波書店）、平野義太郎『日本資本主義社会の機構』（一九三四、岩波書店）などでも、封建遺制を資本主義社会の再編成としてとらえる視点に貫かれつつも、一九一〇年代から二〇年代以降の資本主義的展開、帝国主義段階の資本主義社会への分析は弱い。

たとえば、山田の『日本資本主義分析』では、繊維産業の分業工程の成立をその方法論的基準としながらも、その確立については、製糸業では一八九四年（明治二七）器械製糸生産高の座繰製糸生産高の凌駕、および、一九〇九年（明治四二）日本製糸業の世界的水準凌駕が指標とされ、紡績業では一八九六年（明治二九）棉花輸入税撤廃と一八九七年（明治三〇）綿糸輸出高の輸入高凌駕が指標とされる。しかし、繊維産業の最終工程である織物業については、その半封建的な問屋制家内工業を『惨苦の茅屋《ヤンマーヘーレン》』として指摘することが中心となり、その資本主義的展開については分析が行なわれていない。社会的分業の歴史的把握が社会構成史的分析の方法論的基礎であるにもかかわらず、ある特定の産業について、その分業化過程全体を歴史的展開に即して見渡すことなく、資本主義成立の指標が提出されてしまっている。

そのような観点から、ここでは、たとえば綿業における棉作→紡績業→綿織物業の三分業工程についても、その最終工程である綿織物業をも含めての資本主義的生産関係の成立を重視するべきであると考えた。なぜならば、社会的分業を方法論的基礎とする限り、この最終工程の成立こそが綿業全体の資本主義的成立としてみなすことができるからである。そうしたとき、その成立は一九一〇年代以降の帝国主義段階であった。帝国主義段階において、はじめて、繊維産業における資本主義的な社会的分業が確立する。

そして、この時代こそが、いのちの近代の本格的はじまりでもあった。いわば、帝国主義段階において、はじめて日本の資本主義は確立期をむかえ、生と性という人間のもっとも基本的部分もが近代への道をたどりはじめた。しかしその段階は、おのずと植民地下の人間を、低位の階層として組み入れることによって成立していた。いのちの近代は、いのちと人権を保障された社会とそうではない社会とをワンセットにして、帝国主義段階の世界秩序――ここでは世界のなかの東アジア秩序とでもいうべき段階であるが――が形成されることにより、はじめておとずれている。だから、いのちの存在も人権も保障されていない社会が、近現代の世界秩序にあるとすれば、それは単なる前近代的社会の残存ではなく、いのちと人権を保障されたポジの部分に対してのネガの部分の成立でもあった。

近年かえりみられることがなくなった社会構成史である。しかし、近現代社会分析のための方法論としての社会構成史、それは、まったく無意味なものであろうか。もちろん、ここでいう社会構成史とは、「客観」的「教条」、「世界史の基本法則」などといったものではない。分析者が「主観」的にそれを選択し分析対象へとせまるものである。逆立ちしていると言われようが、いわゆる唯物史観もそれが観念的に選択された「史観」である限り、それは分析者が意味づけを行なう価値にすぎない。「史観」とは自明のものではなかろう。それを基準として選択し、過去の存在を資料として意味づけ、現代社会との連続性において社会現象の歴史的展開をめぐる一定の規則性を抽出するのが、歴史学の存在理由であるように思われる。そうでなければ、単なる過去の復原あるいはエッセイにすぎない。そしてそこで選択された方法が有効であれば、それとの相対的関係において、明らかにすることができない、あるいは、展望の難しい、そうした領域と性質も浮かび上がり、限界性も明らかにされるというものである。

社会構成史は無意味な方法論であったのであろうか。最後に素朴な疑問を述べて結びとしたい。

あとがき

いのちの歴史をめぐって歴史文化ライブラリーの一冊を、ということで話があったのがちょうど五年前の二〇〇四年二月のことであった。気軽に引き受けたものの、そう易々と書くことができるはずもなく、いたずらに歳月だけが流れてしまった。それでも、二年前二〇〇七年三月に筆を執り（パソコンのキィ・ボードをたたきはじめ）、昨年二〇〇八年六月に擱筆した。しかし、筆を執る前から、また、書いているさなかでも、本書で使用したいのちをめぐる記録に意味づけを与え、資料として明るみに出してよいのかどうか、迷うこともしばしばであった。心の奥底に沈むことも多く、長期間、筆が止まったこともあった。

近年、いのちをめぐる議論は、生命観あるいは死生観、また、胎児と乳幼児をめぐっては家族論とでもいうべき視点からのものが多い。ここではそうした視点を認めつつも、社会全体の歴史的変動のなかでいのちの変動をもとらえるべきであると考えた。そのようにしないと、いのちの存在それじたいを歴史学的にとらえることができないと考えたからである。だから、当初の計画では、生まれる前のいのちとともに、生まれたあとの乳幼児と彼ら・彼女らをめぐる人間関係をも含めて扱いたいと考えていた。だが、書きすすめるうちに、そこまで含めると膨大な量になることに気づき、ここでは生まれる前のいのちだけに限った。生まれたあとの、乳幼児のいのちについては、いずれまた扱いたいと思う。

なにはともあれ、四〇〇字詰原稿用紙に換算すれば三四〇枚程度の原稿ではあるが、長い間あたためてきたテーマをようやくにしてまとめることができて、ほっとしている。いのちと人権をめぐる問題だけではなく、帝国主義段階における資本主義発達史およびそれによる社会的変動をめぐり、多くの課題を背負い込んでいると思う。静かな気持ちでこうした課題に取り組んでみたいと思うところである。

二〇〇九年立春

岩田重則

参考文献

＊『東京朝日新聞』『静岡民友新聞』については、本文中に出典を明記したので、ここでは省略した。また、本文中出典を明記した文献については、省略したものもある。

「胎児といのちへの視線」
荒木郁（郁子）「手紙」『青鞜』第二巻第四号、一九一二年
生田花世「食べることと貞操と」『反響』第一巻第五号、一九一四年
石崎昇子「日本の堕胎罪の成立」『歴史評論』第五七一号、一九九七年
石崎昇子「近代日本の産児調節と国家政策」『総合女性史研究』第一五号、一九九八年
石崎昇子「安田皐月」『『青鞜』人物事典』大修館書店、二〇〇一年
石崎昇子「明治維新と生殖倫理」『エスニシティ・ジェンダーからみる日本の歴史』吉川弘文館、二〇〇二年
伊藤野枝「私信―野上弥生様へ―」『青鞜』第五巻第六号、一九一五年a（『伊藤野枝全集』下、一九七〇年、学芸書林、所収）引用は初出の『青鞜』によった。
伊藤野枝「雑感」『第三帝国』第四四号、一九一五年b
荻野美穂「人口妊娠中絶と女性の自己決定権」『母性から次世代育成力へ』新曜社、一九九一年
折井美耶子（編）『資料 性と愛をめぐる論争』ドメス出版、一九九一年
金津日出美「近代日本における『堕胎ノ罪』の成立」『女性史学』第六号、一九九六年
鹿野政直『戦前・「家」の思想』創文社、一九八三年

久米正雄「二階堂放話」『改造』第一九巻第二号、一九三七年
呉　文聰『戦後経営 人口政策 完』丸善株式会社、一九〇五年
呉　文聰「堕胎論」『国家医学会雑誌』第二三九号、一九〇七年
呉文炳(編)『呉文聰総計学論文選集』日本経営史研究所、一九七二年
呉建(編)『呉文聰』呉建自家出版、一九二〇年
後藤　靖「水子と国家について」『家と女性の社会史』日本エディタースクール出版部、一九九八年
澤地久枝「志賀暁子の『罪と罰』」『文藝春秋』第五七巻第八号、一九七九年(『完本昭和史のおんな』文藝春秋、二〇〇三年、所収)
志賀暁子『われ過ぎし日に』学風書院、一九五七年
鈴木義男「志賀暁子の為に」『婦人公論』第二二年新年号、一九三七年a
鈴木義男「志賀暁子のために久米正雄に与ふ」『文藝春秋』第一五巻第三号、一九三七年b
瀧川幸辰「堕胎と露西亜刑法」『法学論叢』第一二巻第四号、一九二四年(『瀧川幸辰刑法著作集』第四巻、世界思想社、一九八一年、所収)
瀧川幸辰『刑法各論』弘文堂書房、一九三三年(『瀧川幸辰刑法著作集』第一巻、世界思想社、一九八一年、所収)
原田(安田)皐月「生きる事と貞操と—反響九月号『食べる事と貞操と』を読んで—」『青鞜』第四巻第一一号、一九一四年
原田皐月「獄中の女より男に」『青鞜』第五巻第六号、一九一五年

原田　稔「母　原田皐月の想い出」『いしゅたる』第一〇号、一九八九年
平塚らいてう「個人としての生活と性としての生活との間の争闘に就いて（野枝さんに）」『青鞜』第五巻第八号、一九一五年（『平塚らいてう著作集』第二巻、大月書店、一九八三年、所収）
平塚らいてう『元始、女性は太陽であった 完』大月書店、一九七三年
廣津和郎「石もてうつべきや」『婦人公論』第二二年新年号、一九三七年
福田英（英子）「婦人問題の解決」『青鞜』第三年第二号、一九一三年
藤目ゆき『性の歴史学』不二出版、一九九七年
堀場清子『青鞜の時代』岩波書店、一九八八年
山崎　佐「堕胎に関する二三の考察」『法律時報』第四巻第六号、一九三二年
山崎朋子「山田わかの生きた戦後」『文藝春秋』第五五巻第一一号、一九七七年（『あめゆきさんの歌』文藝春秋、一九七八年、所収）
「堕胎の社会経済史」
石井寛治『日本蚕糸業史分析』東京大学出版会、一九七二年
石原　修「女工と結核」『国家医学会雑誌』第三二二号、一九一三年a（のち『衛生学上ヨリ見タル女工之現況』国家医学会、一九一四年の「附録」として所収。『生活古典叢書 第五巻 女工と結核』光生館、一九七〇年、所収）引用は初出による。
井上　毅「地方政治改良意見案」、一八八六年（『井上毅伝 史料篇第一』國學院大学図書館、一九六六年、所収）

太田素子(編)『日本近世マビキ慣行史料集成』刀水書房、一九九七年
太田素子『子宝と子返し』藤原書店、二〇〇七年
京都大学百年史編集委員会(編)『京都大学百年史 部局史編I』京都大学後援会、一九九七年
櫻井忠男「堕胎罪に就て」『司法研究』第一五輯、一九三二年
高井としを『わたしの「女工哀史」』草土文化、一九八〇年
高村直助『日本紡績業史序説 上』塙書房、一九七一年
長塚 節『土』(『東京朝日新聞』六月一二日~一一月一七日連載、一九一〇年)〔岩波文庫一九七〇年版〕
農商務省商工局(編)『綿絲紡績職工事情』農商務省商工局、一九〇三年a(『生活古典叢書四 職工事情』光生館、一九七一年、所収)
農商務省商工局(編)『生糸織物職工事情』農商務省商工局、一九〇三年b(『生活古典叢書四 職工事情』光生館、一九七一年、所収)
農商務省商工局(編)『織物職工事情』農商務省商工局、一九〇三年c(『生活古典叢書四 職工事情』光生館、一九七一年、所収)
農商務省商工局(編)『職工事情附録二』農商務省商工局、一九〇三年d(『生活古典叢書四 職工事情』光生館、一九七一年、所収)
平塚らいてう「名古屋地方の女工生活」『国民新聞』一九一九年九月八日第五面・一〇日第五面・一一日第五面・一二日第五面・一三日第五面(『平塚らいてう』第三巻、大月書店、一九三八年、

所収）引用は初出の『国民新聞』による。
ペ・マイエット（パウル・マイエット）『日本農民ノ疲弊及其救治策　完』非売品、一八九三年
細井和喜蔵『女工哀史』改造社、一九二五年［岩波文庫、一九五四年版］
山本茂美『あゝ野麦峠』朝日新聞社、一九六八年
宮本常一『民俗学の旅』文藝春秋、一九七八年
横山源之助「布哇の本邦移民」『実業世界太平洋』第二巻第六号、一九〇四年（『横山源之助全集』第八巻、法政大学出版局、二〇〇五年、所収）
前田正名関係文書（国立国会図書館憲政資料室所蔵）文献番号二五二（マイクロフィルム№43）「静岡県気候不順ノ景況」
「堕胎手術の社会伝承史」
岩崎爾郎『物価の世相一〇〇年』読売新聞社、一九八二年
岩田重則「いのちの近代」『近現代日本社会の歴史　近代社会を生きる』吉川弘文館、二〇〇三年
週刊朝日（編）『値段の明治大正昭和風俗史』朝日新聞社、一九八一年a
週刊朝日（編）『続値段の明治大正昭和風俗史』朝日新聞社、一九八一年b
「堕胎罪をめぐる男と女」
岩田重則『ムラの若者・くにの若者』未来社、一九九六年
勝本勘三郎「堕胎罪ト遺棄罪トニ就テ」『内外論叢』第五巻第一号、一九〇六年
小泉英一「堕胎罪の立法的基礎に就て」『法曹会雑誌』第五巻第一〇号・一一号・一二号、第六巻第一

号、一九二七〜二八年（補筆されて『堕胎罪研究』巌松堂書房、一九三四年、『堕胎罪の研究』雄渾社、一九五六年、として再版）
櫻井忠男「堕胎罪に就て」『司法研究』第一五輯、一九三一年
鈴木義男「堕胎嬰児殺の処置に就て」『法律新聞』第三一七二号・三一七三号、一九三〇年
瀧川幸辰「堕胎と露西亜刑法」『法学論叢』第一二巻第四号、一九二四年（『瀧川幸辰刑法著作集』第四巻、世界思想社、一九八一年、所収）
溝江亮一郎「堕胎罪を論ず」『早稲田法学』第九巻、一九二九年
南方熊楠「『郷土研究』の記者に与ふる書」『郷土研究』第二巻第五号〜第二巻第七号、一九一四年（『南方熊楠全集』第三巻、平凡社、一九七一年、所収）
森長英三郎「堕胎罪雑考」『日本犯罪学会雑誌』第二巻第一一号、一九三六年
安田一郎「裏街道の義人医師―安田徳太郎―」『別冊　経済評論』第一一号、一九七二年
安田徳太郎「堕胎禁止法とその社会的矛盾」『犯罪公論』第三巻第二号、一九三三年
柳田國男『婚姻の話』岩波書店、一九四八年（『柳田国男全集』第一七巻、筑摩書房、一九九九年、所収）
早稲田大学大学史編集所（編）『早稲田大学百年史　第四巻』早稲田大学、一九九二年

「いのちの近代」
石原　修「女工と結核」『国家医学会雑誌』第三二二号、一九一三年a（のち『衛生学上ヨリ見タル女工之現況』国家医学会、一九一四年の「附録」として所収。『生活古典叢書　第五巻　女工と結

核』光生館、一九七〇年、所収）引用は初出による。
石原　修「女工の衛生学的観察」『国家医学会雑誌』第三二二号、一九一三年ｂ（のち『衛生学上ヨリ見タル女工之現況』〈国家医学会、一九一四年〉と改題され単行本。『生活古典叢書　第五巻　女工と結核』光生館、一九七〇年、所収）引用は初出による。
石原　修『労働衛生』杉山書店、一九二三年
大阪市社会部調査課（編）『労働調査報告No.28　朝鮮人労働問題』弘文堂書房、一九二四年
岡野文雄「石原修先生の『女工と結核』について」『医学評論』第16号、一九五六年
岡　実『工場法論　全』有斐閣、一九一三年
岡部利良「支那紡績業に於ける労働請負制度」『東亜経済論叢』第一巻第一号、一九四一年ａ（有斐閣）
岡部利良「支那紡績労働請負制度の様式」『東亜経済論叢』第一巻第二号、一九四一年ｂ（有斐閣）
小野和子『中国女性史』平凡社、一九七八年ａ
小野和子「旧中国における『女工哀史』」『東方学報』第50冊、一九七八年ｂ
小和田美智子「産児制限から多産奨励へ」『静岡県近代史研究』第一四号、一九八八年
神立春樹『明治期農村織物業の展開』東京大学出版会、一九七四年
古庄ゆき子『ふるさとの女たち』ドメス出版、一九七五年
三瓶孝子『日本綿業発達史』慶応書房、一九四一年
三瓶孝子『染織史序説』刀江書院、一九四九年

三瓶孝子『日本機業史』雄山閣、一九六一年
静岡県(編)『改正静岡県令達類纂 下巻二』静岡県、一九一〇年
静岡県工業試験場分場(編)『業務工程報告』(大正五年度)、一九一六年(『静岡県史 資料編19近現代4』静岡県、一九九一年、所収)
高村直助『日本紡績業史序説 下』塙書房、一九七一年
高村直助『近代日本綿業と中国』東京大学出版会、一九八二年
日本助産婦会静岡県支部(編)『静岡県助産婦会史』日本助産婦会静岡県支部出版部、一九六六年
農商務省商工局(編)『職工事情附録二』農商務省商工局、一九〇三年d(『生活古典叢書四 職工事情』光生館、一九七一年、所収)
浜名郡役所編『浜名郡誌』浜名郡役所、一九二六年
松林陽子「中国における紡績工業労働者の状態」『史学研究』第一二三号、一九七四年
山川(青山)菊栄「日本婦人の健康」『新社会』第13号、一九一六年(のち「日本婦人と健康問題」と改題され『現代生活と婦人』叢文閣、一九一九年、所収。『山川菊栄集』第一巻、岩波書店、一九八一年、所収)引用は初出による。
山川菊栄『現代生活と婦人』叢文閣、一九一九年
山川菊栄『女二代の記』日本評論新社、一九五六年(『おんな二代の記』、平凡社、一九七二年として再版。『山川菊栄集』第九巻、岩波書店、一九八二年、所収)引用は初版による。

著者紹介

一九六一年、静岡県に生まれる
現在、東京学芸大学教授（民俗学・歴史学）

主要著書

ムラの若者・くにの若者　戦死者霊魂のゆくえ　墓の民俗学　「お墓」の誕生

歴史文化ライブラリー
271

〈いのち〉をめぐる近代史
堕胎から人工妊娠中絶へ

二〇〇九年（平成二十一）五月一日　第一刷発行

著　者　岩《いわ》田《た》重《しげ》則《のり》

発行者　前田求恭

発行所　株式会社吉川弘文館
東京都文京区本郷七丁目二番八号
郵便番号一一三―〇〇三三
電話〇三―三八一三―九一五一〈代表〉
振替口座〇〇一〇〇―五―二四四
http://www.yoshikawa-k.co.jp/

印刷＝株式会社平文社
製本＝ナショナル製本協同組合
装幀＝清水良洋・黒瀬章夫

歴史文化ライブラリー

1996.10

刊行のことば

現今の日本および国際社会は、さまざまな面で大変動の時代を迎えておりますが、近づきつつある二十一世紀は人類史の到達点として、物質的な繁栄のみならず文化や自然・社会環境を謳歌できる平和な社会でなければなりません。しかしながら高度成長・技術革新にともなう急激な変貌は「自己本位な刹那主義」の風潮を生みだし、先人が築いてきた歴史や文化に学ぶ余裕もなく、いまだ明るい人類の将来が展望できていないようにも見えます。このような状況を踏まえ、よりよい二十一世紀社会を築くために、人類誕生から現在に至る「人類の遺産・教訓」としてのあらゆる分野の歴史と文化を「歴史文化ライブラリー」として刊行することといたしました。

小社は、安政四年（一八五七）の創業以来、一貫して歴史学を中心とした専門出版社として書籍を刊行しつづけてまいりました。その経験を生かし、学問成果にもとづいた本叢書を刊行し社会的要請に応えて行きたいと考えております。

現代は、マスメディアが発達した高度情報化社会といわれますが、私どもはあくまでも活字を主体とした出版こそ、ものの本質を考える基礎と信じ、本叢書をとおして社会に訴えてまいりたいと思います。これから生まれでる一冊一冊が、それぞれの読者を知的冒険の旅へと誘い、希望に満ちた人類の未来を構築する糧となれば幸いです。

吉川弘文館

〈オンデマンド版〉
〈いのち〉をめぐる近代史
堕胎から人工妊娠中絶へ

On Demand
歴史文化ライブラリー
271

2021年（令和3）10月1日　発行

著　者　岩《いわ》田《た》重《しげ》則《のり》
発行者　吉川道郎
発行所　株式会社　吉川弘文館
〒113-0033　東京都文京区本郷7丁目2番8号
TEL　03-3813-9151〈代表〉
URL　http://www.yoshikawa-k.co.jp/

印刷・製本　大日本印刷株式会社
装　幀　清水良洋・宮崎萌美

岩田重則（1961～）

ISBN978-4-642-75671-6